経済成長という呪い

欲望と進歩の人類史

LE MONDE EST CLOS
ET LE DÉSIR INFINI

ダニエル・コーエン
Daniel Cohen
パリ高等師範学校経済学部長
パリ経済学校教授
『ル・モンド』論説委員

林昌宏 訳

東洋経済新報社

本書を私の乳母ポリーヌに捧げる。
ポリーヌもこの本を読んでおくべきだ。

「自分の生活に関する物質的な条件に無理解だと、
人は大きな間違いをしでかす」

『呪われた部分』ジョルジュ・バタイユ

日本語版序文

私の著書が日本語に翻訳されるのは、大変名誉なことだ。

本書が掲げるおもな疑問は次のとおりである。経済成長が停滞しても、現代社会は存続するのだろうか。日本は一九九〇年代の金融危機以来、力強い経済成長を取り戻そうと努力してきただけに、この問いは日本にとってきわめて重要だろう。

実際に、ヨーロッパ諸国やアメリカなど、先進国全体の経済成長率は低迷している。フランスの経済成長率は、三%、一・五%、〇・五%と、一〇年ごとに低下している。アメリカの経済成長率がフランスより高いのは確かだ。だが、トマ・ピケティの研究によって明らかになったように、アメリカでは、経済成長の果実の大部分は、所得上位一〇%の懐に収まり、国民の九〇%は購買力の上昇とは無縁だった。ちなみに、所得上位一%は、経済成長の果実の五五%を手中にした。

このような格差を目の当たりにし、われわれはそのような経済成長のあり方に疑問を抱かざるをえない。経済学者たちの間では、現状の解釈について激しい議論が巻き起こった。見解は大きく分かれている。

経済は低成長率の時代に入ったと主張する者たちがいる。彼らは、コンピュータ化がどれほど魅力的に思えても、その影響力を二〇世紀の科学技術革命と比較すると、かなり劣ると述べる。これはアメリカの経済学者ロバート・ゴードンの見解でもある。ゴードンによると、二〇世紀にはいくつもの科学技術革命によって社会が大きく変化したという。たとえば、下水道の完備、さまざまな電化製品の登場、エレベーターの配備、観光業の発展などである。一方、コンピュータ化によって、現代社会はどう変化したのか。ゴードンに言わせると、現在の革命はせいぜいスマートフォンの登場にすぎないという。したがって、現在の革命によって社会が急速に変化しないのは、決して驚きではない。

しかし、ゴードンと正反対の見解を示す経済学者たちもいる。内生的成長論を唱える彼らは、新たなテクノロジーの熱狂的な信奉者だ。また、レイ・カーツワイルをはじめとする未来学者たちは、「増強された人間」を製造するために、デジタル通信技術と生物学が融合する、トランスヒューマニズムを宣言する。

私は、現代社会の独創性に関するゴードンの見立てはあまりにも悲観的だと思うが、ゴードンの疑問はきわめて重要な意味をもつと考える。すなわち、テクノロジーが急速に発展しているのにもかかわらず、なぜ経済成長率は低迷しているのか、という疑問だ。

私の見解は次のとおりだ。それまでの産業革命は人間の労働を内包できたのに対し、現在の革命はそうではないからだ。

現在の革命により、社会はこれまでにない二極化構造になる。社会の頂点に立つ指導者たちは、スマートフォンを用いてほぼ自分たちだけで組織を動かせるようになった。

一方、価値連鎖の末端に位置する対人サービス業などでは、雇用は創出されるが、生産性が低く、低賃金を強いられる。

中位所得層では、強烈な圧力が生じ、逆に雇用が大量に破壊された。これは人間とコンピュータが競合した結果だ。

この観点に立ち、アメリカの社会的な富がどこにあるのかを考えてみたい。というのは、アメリカはコンピュータ革命の影響を知るうえでの実験場といえるからだ。アメリカの中産階級は過去三〇年間で衰弱し、社会全体に占める彼らの割合は、一〇％から一五％減少した。そしてアメリカの中位所得は、ほとんど上昇しなかった。

今後、われわれは悲観主義者として生きるべきなのか。私はそうは思わない。近い将来、人間とテクノロジーの新たな補完関係が登場するだろう。そうなれば、コンピュータに対し、人間は独創力を発揮できるはずだ。

しかしながら、現代社会の逃れられない根源的な問題は、富をこれまでとは別の方法で考察することにある。経済成長率という統計の数値に囚われることよりも、社会が生み出すべき基本的な財について考えをめぐらせることのほうが急務なのだ。すなわち、医療、教育、環境である。それらの財は、統計にはコストとしてしか表れないが、われわれが何としても守るべき最も重要な財なのである。

序論　経済成長なき進歩はありうるのか

他の誰かがもっているものを欲しがる存在

現代の宗教ともいえる経済成長は、人々の衝突を和らげ、無限の進歩を約束する妙薬だ。人々は自分にはないものを欲しがる。そのような人々の暮らしにおけるありふれた惨事を解決してくれるのが経済成長だ。ところが残念なことに、少なくとも西洋諸国では経済成長は断続的ではかないものにすぎない……。バブルの後には大恐慌、大恐慌の後にはバブルが発生する。政治家は、雨乞いをする呪術師のように天を仰いで経済成長を願う。彼らは経済成長の期待を裏切ると、国民の恨みを買う羽目になるからだ。しかしながら現代社会では、スケープゴートを見つけようとするだけで、本質的な疑問に関する議論は避けられる。すなわち、次のような疑問だ。経済は限りなく成長するという約束が当てにならないものになるのなら、社会は一体どうなるのか、人々は経済成長以外に自分たちを満足させられるものを見つけられるのか、それとも人々の間に失望と暴力が蔓延するようになるのか、という疑問だ。

星は神の住処《すみか》ではなく、宇宙は空っぽな空間だとガリレイとケプラーが発見した一七世紀、ヨーロッパの人々は精神的な苦悩に苛まれた。歴史家たちはこの苦悩を称して、「ヨーロッパは精神性の危機に陥った」と語った。現在、われわれは同じ性質の危機に瀕している。経済成長が途絶えるとき、進歩という理想は失われるだろう。われわれの祖先は、神という望徳が失われるのなら、人生に生きる価値はあるのだろうかと自問したではないか。そして今日の問いは、物質的に豊かになる保証がないのなら、われわれの人生は陰鬱で無味乾燥なものになるのではないか、ということである。

イギリスの偉大な経済学者ジョン・メイナード・ケインズは、一九三〇年代初頭に当時の悲観論に疑問を呈した。彼の希望に満ちたメッセージは現在も新鮮な響きをもつ。危機の予兆が感じられていたにもかかわらず、ケインズは判断を誤ってはならないと諭した。ケインズは、一世紀前に食糧問題が解決されたように「経済問題」もまもなく解決されると請け合ったのである。大胆にもケインズは、産業が発達するペースから考えて、二〇三〇年には人々は一日三時間働くだけで暮らせるようになり、残りの時間は、芸術、文化、形而上学的な考察など、本当に重要なことに時間を費やすようになると断言したのである。

だが残念ながら、文化や形而上学的な問題は、われわれの時代の主要な問いにはならなかった。現代社会は、ケインズがその見通しを立てたときより一〇倍も豊かになったのに、われわれは物質的な繁栄をこれまで以上に追求している。偉大な経済学者ケインズは将来の経済的な繁栄を見事に予想したが、われわれの行動を完全に読み誤った。ケインズ以降の多くの識者たちと同様に、ケインズは人間の欲望の驚くべき順応性を過小評価したのである。人間の欲望はすべての富さえ消費しようとする。ルネ・ジラールはこう記している。「人間は、基本的生活にかかわる欲求を満たすと、あるいはそれ以前の段階であっても、激しい欲望をもつようになる。だが、何が欲しいのかは自分でもわからない。なぜなら、人間は欲しがる存在だからだ。人間は、自分にはないと感じる、自分以外の誰かがもっているはずのものを欲しがる存在なのだ……」。経済成長は目的をもたらす手段ではなく、むしろ生活の苦悩から人間を救い出す役割を期待される宗教のような働きをするのだ。

数億人の人々が経済成長という神を崇め、地球上の生命が危険にさらされるようになった現在、われわれは物事を深く考察しなければならない。ケインズの見通しを再提起するのは可能だが、それは逆方向からの論考においてだ。すなわち、われわれが物質的な成長から遠ざかるのは認める。しかしながら、われわれは（心理的、非物質的な）幸福の新たな時代に身を投じる努力をするだろうか。ようするに、経済成長のない進歩という考えが廃れたわけではないと、われわれは確信できるだろうか、という論考だ。

理想を壊したポスト工業社会

進歩という考えに大きな誤解が生じたのである。というのは、一八世紀の啓蒙思想は、進歩という考えから自律や自由などの道徳的な価値観をつくり出し、アンシャン・レジームの事なかれ主義を批判する意味合いを、進歩という考えに付与したからだ。一九世紀のヨーロッパに広まった産業革命により、その理想は物質的な進歩を約束することになった。産業革命は、この約束を果たすために社会を組織したが、それは啓蒙思想の価値観と根本的に反する社会だった。技術者たちは聖職者たちを隅に追いやったが、工業社会になっても、世の中は階級社会のままだった。家庭や工場においても、階級的な社会構造が支配的だったのである。二〇世紀、工業界のモデルだったフォーディズム〔大量生産を可能にした生産システム〕は、それまでのピラミッド型組織を維持した。私生活の分野では、フランスの女性が〔夫の〕許可なく銀行口座を開設できるようになったのは、なんと一九六五年のことだ。フランス革命から二〇〇年近くの間、フランスの女性は、自分自身に関して法的効力をもつほとんどの行為において、夫の支配下にあった。多くの社会層の人々と同様に、女性にとって自律や自由の謳歌は、長年にわたって名目上のことだったのである。

そうした農村社会の最後の名残が消え去ったのはつい最近のことであり、それはここ数十年の話だ。労働者たちはモノ（農産物や工業製品）ではなく、大量の情報を加工するようになった。社会学者ロナルド・イングルハートの論証に従えば、構造的な価値として独創性が権威に取って代わったのである。イングルハートによると、啓蒙思想がようやく日の目を見たのだという。つまり、教育の普及や福祉の充実により、国民は迷信と決別し、貧窮から脱したのだ……。だが残念なことに、イングルハートもケインズと同じ過ちを犯した。イングルハートは、われわれは生活必需品に拘束されないポスト物質社会に移行しつつあると述べたのだ。ポスト工業社会は、寛容な精神にあふれる安心できる世の中をつくり出すどころか、実際は、正反対の世界を生み出した。すなわち、ポスト工業社会では経済的な不安定さが育まれ、人々は将来に不安を抱くようになった。理想を高めるはずだったポスト工業社会は、理想を壊したのだ。

工業社会は、生産方法と社会保障を封建社会に（時間をかけて）はめ込んだ……。今日、新たなデジタル経済では、「コスト・ゼロ」という破壊的な生産モデルが整った。チェス、株式取引、チケット販売など、必要とされる知的レベルにかかわらず、ルーティン化された作業は、価格の安いソフトウェアが行なうようになった。グーグル社はコンピュータに自動車を運転させた。日本ではロボットが高齢者を介護する。繰り返しをともなう作業はいずれソフトウェアが代行すると予想されるため、人々の間の緊張感はこれまでになく高まっている。法律家であり精神分析家のピエール・ルジャンドルの考察を踏襲すると、全財産を失ったのにこれを認めようとせず借金まみれになっている世帯が存在するように、現代人の暮らしに「精神的な余裕はない」のだ。

デジタル革命が経済成長をもたらさない理由

デジタル社会には奇妙なパラドックスが宿っている。科学技術が大いに発展すると思われていたのに、経済成長は期待外れに終わったのである。アメリカでは過去三〇年間、国民の九〇%の購買力は上昇しなかった。ヨーロッパでは同時期に、一人当たりの所得の平均増加率は、三%から一・五%へ、そして〇・五%に低下した。われわれは、「経済成長なき産業革命」という語義矛盾を体験したのだ。この驚くべき状況をどのように理解すればよいのか。デジタル革命が一世紀前の電気革命と同様の経済成長の加速をもたらさないのは、なぜなのか。

第一の説明は労働側にある。高度経済成長をもたらすには、人間の代わりに高性能の機械を導入するだけでは充分でない。高性能の機械によって雇用を奪われた人々の生産性が向上しなければならないのだ。二〇世紀には、農村部を追われた農民たちが大きな成長の見込まれる産業に就職したため、高度経済成長が実現した。今日、持続的な経済成長を再現するには、たとえば庭師の手仕事が工業化するだけではだめなのだ。持続的な経済成長を望むのなら、庭師は栽培する花の量および質(?)を高める方法を学ぶ必要があるのだ〔庭師の労働生産性が向上しなければならない〕。

第二の説明は次の通りだ。工業社会は、国民を都市に住まわせるという大きな役割を果たした。ところが、ポスト工業社会は工業社会のような野心的な役割を担おうとしない。ポスト工業社会は、社会的相互作用(カーシェアリング、デートの相手探し、社会的な交流など)をうまく管理したり、公害(騒音、環境危機)を減らしたり、テレビのチャンネルを増やしたりすることに力を傾注している。経済学者ロバート・ゴードンらによると、ポスト工業社会は真の意味で新しい消費社会をつくり出さなかったという。消費者は、スマートフォンを除けば、電球、自動車、飛行機、映画、エアコンにはじめて接したときのような衝撃を覚えなかった。デジタル社会では、労働者はレモンのように徹底的に搾られるが（生産側）、デジタル社会が生み出す世界（消費側）には、その象徴であるタブレットやスマートフォンがすでにあふれかえっているのだ。

新たなテクノロジーの信奉者たちは、自分たちが信じる明るい未来像を提示しながらそうした反論を一掃する。「トランスヒューマン（人間改造）」計画などを例に挙げ、自己の肉体と知能を向上させ、それらの機能を高めるための生物学および情報工学の観点からみて斬新な臓器を、誰もが手に入れられるようになるという。マイクロプロセッサがもっと進化すれば、われわれは自分たちの脳にあるすべての情報をUSBメモリに記憶させることができる。そうなれば自分たちのパフォーマンスは高まるはずだ……。人間改造計画の提唱者レイ・カーツワイルは、「われわれは生物学の範疇を超える」と力強く宣言するだけでなく、人間はいずれ不死になるだろうと語った。遺伝子革命が情報革命よりも経済成長をもたらす根拠は何もない。だが人間改造計画が、見通しというよりも、革命的な変化が生じるのではないかと信じたい、われわれの抑えがたい欲求の証しであるのは明らかだ。

われわれは無限という「呪い」から逃れられるのか

現代社会が存続するには経済成長がどうしても必要だが、経済成長を見出すために現代社会はどこまで突き進むつもりなのだろうか。今日、われわれはフィリップ・K・ディックの小説を原作とする映画『ブレードランナー』で描かれた衰退しつつある近未来の入り口に立つ。映画では、ロサンゼルスの大気汚染は深刻な状態にあり、遺伝子工学を駆使する産業はさらに完璧なクローン人間を製造する。製造されたクローン人間は、非人間的な作業に従事する奴隷になる。ハリソン・フォードが演じる主人公は、反乱を起こすサイボーグ狩りの任務を与えられる。ところが、主人公は女性のアンドロイドと恋に落ちる。自分が人間でないと知られてしまったとき、彼女は、自分の生活がいかに孤独であるかを訴える。ロボット、サイボーグ、地球温暖化、都市の大気汚染など、悪夢のような世界において、人類は精神的および環境的に「余裕のない」状態で暮らす。

ジョルジュ・バタイユは著書『呪われた部分』において、「あらゆる部分からそれらの可能性の果てまで行きたがる」人間社会に繰り返し現れるそうした呪いを、人間はあたかも真実を把握する唯一の方法だと信じていると分析した。われわれは、この呪いから逃れられるのか。啓蒙思想との新たな出会いを、われわれは確固たる考えもなしに無駄にしようとしているのではないか。われわれは不安という罠に陥ることなく、自主独立と自由の価値に啓蒙思想的なチャンスを与えられるのか。今度は数十億人の人々が工業社会の仲間入りをする時代において、自分たちの時代を知的なものにするために、われわれは地球規模での「混沌状態」への突入を避けられるのか。

以上が、われわれの世界が有限であるがゆえに回答しなければならない重大な問題だ。それらの問題は、人間の欲望と人類史を理解するという壮大な旅へと読者を誘う。

【目次――経済成長という呪い】

第二部 未来だ、未来だ

第一部

経済成長の源泉

人類の時代——世界を支配するに至った「文明化」の過程

経済成長は人類固有のものなのか。読者は、これを突拍子もない問いかけだと思うかもしれない。ところが、経済成長はほんの二世紀前に登場した新しいアイデアなのだ。太古から一八世紀の産業革命前夜までの期間、人類の収入は今日の貧困者たちと変わらない一日一ユーロ程度で低迷していた。一人当たりの収入が伸び続けるという意味での経済成長は、近代になってからのことだ。そうはいっても、一〇〇〇年、一〇〇年、そして今後は一〇年単位で眺めると、経済成長の歴史は、はるか昔に遡れる。多くの観点から、経済成長は人類固有のものだとわかる。

人類という存在は、人類史からみればきわめて短期間に変化した。そこには二つのビッグバンがあった。第一のビッグバンは農業の発明だ。農業によって人口が急増したのである。人口の増加は現在も続いている。一万年前の五〇〇万人からキリストのいた時代に二億人に増えた世界人口は、二〇五〇年には一〇〇億人に達し、その後は安定的に推移する見込みだ。農業がきっかけとなり、文字、貨幣、冶金術、印刷術、羅針盤、火薬が登場した。

第二のビッグバンは一七世紀の科学革命だ。この革命により、人類は新たな力を手にした。そしてこの力は指数関数的に増大する。数ある中から一つの例を紹介しよう。経済学者ウィリアム・ノードハウスの独創的な推算によると、過去五〇年間に一般的な数理計算を行なうためのコストは、一〇億分の一以下になったという。

現代は、それら二つの力が共鳴し、増強し合うという、第三のビッグバンの黎明期だ。ノーベル化学賞を受賞したパウル・クルッツェンは、現代の特徴を示すために「アントロポセン（人類の時代）」について語った。つまり、世界を支配するのが自然から人類になったのだ。これが意味することを端的に示す数値がある。農業が始まったとき、哺乳類全体に占める人類と家畜の割合は〇・一％以下だった。今日、この割合は九〇％以上である。

自分たちの存在によって飽和状態の閉じた世界で暮らすという、これまでにない挑戦に直面する人類は、自分たちの活動が引き起こす結果を、集団として考えなければならない。それは人類にとって未経験の努力だ。これまで人類は、事後にしか歴史の本当の意味を理解できなかった。だからこそ、人類はそうした歴史の推移がもたらすこの試練に立ち向かわなければならないのだ。自分たちが望む未来にするには、歴史の流れの偶然部分と必然部分を把握して、その流れを修正しなければならない。われわれが今日使う意味での経済成長は、どのようにして、そしてなぜ起きたのか。経済成長が中国などの地域でなく他ならぬ西洋で生じたのは、何か特別な原因があったのか。それには、哲学的、政治的、道徳的な優位性、あるいはすでに忘れ去られた偶然の作用があったのか。これらの疑問は、現代人が富自体よりも富を無限に増加させるのに執着していることを理解するために重要だ。われわれは社会学者ノルベルト・エリアスのいう「文明化の過程」を振り返ってみる必要があるのだ。

サピエンス——知識の蓄積・拡散技術の創造

ヒト科の動物が最初に現れたのは、八〇〇万年前から六〇〇万年前のことだ。彼らが地球の支配者になるなど、当時は誰も予想できなかったに違いない。蟻と白蟻が地中を支配するには数億年かかった。その間に、他の生物種は環境に適応した。一方、地球をあっという間に占拠した人類は、地球をひたすら壊そうとしているかのようだ。

最古のヒトの化石は七〇〇万年前に遡る。それは「トゥーマイ」というサヘラントロプス・チャデンシスの化石であり、その頭蓋骨の容積は現代のチンパンジーと同等だ。次に、アウストラロピテクス・アファレンシスが現れた。ルーシーはその一種だ（「ルーシー」は一九七四年にイヴ・コパンが発見した。その名前はビートルズの歌にちなんでいる）。そして亜種に分かれた。たとえば、ホモ・ハビリスは二五〇万年前に現れたが、七〇万年前に絶滅した。気候が乾燥し始め、ホモ・ハビリス（彼らの長い腕は、森で暮らしていたことを示している）の暮らしていた森林がサバンナに変わった。そこに脳が大きく変異したホモ・エレクトスが（近縁種のホモ・エルガステルとともに）現れたのである。[1]ヒトは脳が発達したおかげで抽象的に思考し、複雑な言語を操り、長期の記憶をもち、仮説を組み立て、集団内で協力し、敵の意図を察知するようになった。[2]

進化人類学者マイケル・トマセロによると、共通の目的を達成するために他者と協力できるのが人間の秀でたところだという。「われわれは他者の思考を巧みに見抜くようになり、新たな文化をつくり出す王者になった[3]」。狩猟採集民は、ウォール街のトレーダーのように、いつも（ゴシップを）語り合っていた。人間の社会性は一見するとミツバチに似ている。ミツバチも生殖のために見事な分業体制をとっている。だが、ミツバチは協力しているようにみえるだけであり、遺伝形質の再現にたずさわるのは女王バチだけだ。女王バチは長い旅に出て元の巣と関係を絶ち、自分の巣をつくる。一方、人類はミツバチよりも巧妙で柔軟な手段を用いる。人間の暮らしには、利他主義、支配、他者の尊重、裏切り、嘘が入り交じる。これらが人間の特徴を形成し、そうした背景において人間は、社会生活という大きな舞台で自己の将来を切り開くのである。

人類はきわめて短い期間に革新的なことを成し遂げた。人間以外の動物が得る大半のアイデアは一代限りだ。ただし、メスのチンパンジーは、自分の子供たちにクルミの割り方やシロアリを捕まえるための棒の握り方を教える。しかし、人間の言語は他の動物のものよりはるかに複雑なため、人類は集団で学ぶことができる。人類とチンパンジーのＤＮＡを比較すると、九八・四％が相同だ。個体としては、われわれは自分たちの親類ともいえる猿たちよりはるかに頭がよいわけではないが、種としては、われわれは、はるかに秀でている。比較すべきは、ヒトとチンパンジーの脳ではなく、両者の知能の集積である。

人類史全般を通じて、人類は知識を蓄積して拡散させる技術を生み出してきた。それらによって、攻撃力、技術力、社会をまとめ上げる力は増大した。文字と貨幣、そしてはるか後には、印刷、電話、インターネットなどのテクノロジーにより、集団のインテリジェンスが創造された。これは人類以外の生物種ではみられないことである。

脳は、コンピュータのように高度なインテリジェンスを発揮する一方で、青年期の恋愛のように情緒を司る……。利己主義と利他主義、理性と情緒。われわれ人類は、これらの相反する性質を、どのようにして融和させたのか。エドワード・ウィルソンは著書『地球の社会的制覇』[4]などにおいて、こうした性質の根底には、二つの生物学的な特徴があるのではないかと述べる。すなわち、人間の（大きな）サイズと（低い）移動力だ。たしかに、昆虫は小さすぎるのだ。しかし、昆虫に比べれば（きわめて）大きい。物質や火を扱うには、昆虫は小さすぎるのだ。しかし、昆虫は迅速に遠くへ移動するため、自分たち以外の集団から離れられる。他方、人類は移動力が低いため、（平和裏に、あるいは諍いを起こしながらも）共存しなければならない。人類は、自分たちの獲物（アンテロープ、シマウマ、ダチョウなど）のように速くは走れないが、長距離にわたって獲物たちを追い詰めることができ、また飛び道具を利用できる。つまり、石や槍を投げ、矢を放つのだ。そして狩りや肉を焼くために火を使える。

文化の発祥——禁忌と分類をつくり出す能力

集団や部族に属し、敵対する集団から部族を守るのは人間性の本質の一面だ。人類以外の生物種でも、利他主義と個人主義が同時に働く。この驚きを説明するには、利己的な遺伝子という理論を持ち出したくなる。その典型がオスのカマキリだ。オスのカマキリは生殖のためにメスのカマキリに食べられる。一方、人間の仲間意識がどのように作用するのかは、遺伝子複製のメカニズムよりはるかに複雑だ。(学生を被験者にする)心理学のテストからは、人間はすぐに仲間を気ままにつくることがわかる。見知らぬ者同士で遺伝的なつながりのまったくない個人を二つの集団に分け、一つの集団には青いカードを、もう一つの集団には赤いカードを渡すと、それぞれの集団には仲間意識がすぐに芽生えるという。集団の境界線は可変的であり、各自は、家族、婚姻関係、会社などによって、無秩序な世界に居場所を得る。

『親族の基本構造』(福井和美訳、青弓社、二〇〇一年)のなかでクロード・レヴィ＝ストロースは、人間は自己を自分自身で飼い馴らす唯一の生物種だと説明した。レヴィ＝ストロースによると、自然界に文化が広まったのは、近親相姦が禁じられたためだという。つまり、私はあなたとお互いに娘を交換することによって、われわれの部族は平和に暮らせるというのだ。生物学的な要因とは何の関係もない、禁忌と分類をつくり出す能力は、よくみられる人間の特徴の一つだ。娘は自分の叔父の息子と結婚できるが(結婚しなければならないこともあるが)、それは父方の叔父の息子であってはならない。とはいえ、結婚相手になる叔父の息子が父方であろうが母方であろうが、そこに遺伝学的な違いはない。それ掟が文化の基盤になるのだ。すなわち、掟を課すが、掟自体には遺伝学的な根拠はなく、掟によって社会的な生活の形式が定められるのである。

しかしながら、文化をもつのは人類だけではない。チンパンジーでは、メスは近くの他の共同体の一員になるが、群れで暮らすオスは、自分が生まれた集団において自己の地位を確立しなければならない。アフリカの野生の狼や犬の群れは洗練された組織であり、獲物は組織の女王や生まれたばかりの子供に与えられる。チンパンジーとボノボは群れをなして狩りをする。ボノボは生殖目的以外の性交を盛んに行なう。これは情緒豊かなボノボがストレスを発散するためだ。アカゲザルは共感力をもつ。若いチンパンジーの群れが仲間に振るう暴力は、人間の若者たちの行為とそっくりだ。

すべての生物種は、捕食者から逃れて生き残るには集団内で協力しなければならない。反対に、集団内では（メスをめぐるオスの）競争によって自分勝手な行動が促される。この二つの特徴は、常に一貫性があるとは限らず、自然界は必ずしもうまくできているわけではない……。ガゼルの群れは、捕食動物から逃れるために、我先にと走らなければならない。ようするにそれは、ガゼルという生物種全体にとってよいことなのだ。それとは逆に、クジャクを観察したダーウィンによると、クジャクは鮮やかな飾り羽によってメスを誘惑するが、この飾り羽は捕食者から逃れるときには邪魔になるという。オスのシカは枝角によってライバルを蹴散らすが、この大きな角は移動の邪魔になる。オスがメスの関心を引こうとするのは当然だが、その生物種全体にとって、それが不利益になることもあるのだ(5)。

人間とは何だ?——不快感、不安、生きる苦悩

人間と他の生物種との違いは何なのかという問いに立ち戻ってみよう。フロイトは次のような問いを投げかけた。「なぜ動物たちは、文化のために闘わないのか(6)」。フロイトは「闘う」という表現によって、不快感、不安、生きる苦悩を述べたかったのだ。ピエール・ルジャンドルによると、動物のなかでも人間だけが「自己の存在意義でさえ自問する(7)」という。ソポクレスは『コロノスのオイディプス』のなかで、「生まれないほうがよい」と述べた。あらゆる文化では、自分は何者であり、何のために、なぜ生きるのかという、人間に関する問いが発せられる。

人間の特徴を最も単純に述べると、人間は、自分の話を聞いてもらったり、自分の質問に答えてもらったりする相手を求め、そうした相手に認めてもらいたい、言葉を話す動物だ。ピエール・ルジャンドルも指摘するように、人類が「斬新」なのは正当性を要求することだ。人間にとって裏切りは、決して単純ではない。たとえ仕方のない状況だったとし

ても、である。名誉、徳、義務、そしてそれらがもたらす苛立ちをめぐり、人間は常に緊張にさらされる。つまり、エゴイズム、卑劣、偽善などである。芸術を含む文化は、人類史に常に存在するこうした葛藤を明らかにし、解決の糸口をつかもうとしてきた。

「われわれ人間は、他の動物と同様に社会で暮らすだけでなく、社会的な存在の新たな形式を生み出す、つまり、生き続けるために文化を創造する唯一の生物なのだ。再現ではなく創造、これこそが人間固有のものなのだ」。これはモーリス・ゴドリエが提唱する回答であり、ゴドリエが著書で示したレヴィ＝ストロースに対する結論だ[8]。動物の社会は、進化しない、あるいはほとんど進化しない。若い猿には、サッカーの試合、暴力映画、オンライン・ポルノはない。われわれ人間は文明の推移に従い、社会の決まりを変える。家族関係や生殖方式は変更可能であり、自分たちの暴力を（しばしば）婉曲的に表現できる。しかしながら、ジョルジュ・バタイユ[9]は次のように看破した。「われわれは、自分たち自身でつくった決まりを不可侵なものとして考える傾向があり、それらの決まりを変えるより、それらを定めた社会が破綻するまで突き進もうとする」。

脱出——絶滅の危機

一〇万年前、アフリカの熱帯地域は極端な乾期に襲われた。(10)そのとき、誕生したばかりの人類は絶滅の危機を迎えた。人口が数万人にまで落ち込んだところで、大旱魃《かんばつ》は終わり、熱帯雨林とサバンナでは、草木が次第に茂った。温暖な気候によって人口の増えたホモ・サピエンスは、ナイル川流域やシナイ半島にまで進出した。ホモ・サピエンスは、ナイル川流域、レヴァント〔東部地中海沿岸地方〕を通過した後、紀元前四万年ごろにヨーロッパにたどり着いた。そこには二〇万年くらい前からホモ・サピエンスの姉妹種ネアンデルタール人が住んでいた。(11)

ネアンデルタール人は、ホモ・サピエンスがヨーロッパに到達してから間もなくして絶滅した。その原因は、新たな入植者が既存の生態系に影響をおよぼしたからだろう。(12)

DNA解析の結果からは、ネアンデルタール人は話すことができ、「狩猟」を行なっていたと考えられる。ネアンデルタール人は、けが人を看護し、死者を葬っていた。ホモ・サピエンスとの違いに関して、ネアンデルタール人の言語能力は低かったという説がある。ネアンデルタール人にも(言語を司る)FOXP2遺伝子があったが、喉頭の位置がよくなかったのではないかという……。[13]

農業の発明――人口爆発の起爆剤

農業の発明という大きな出来事があった。紀元前一万年に始まった農業(八つの異なる地域で行なわれるようになった)は、人間と自然の関係を一変させた。またしても気候変動による影響が生じたのだ。地球温暖化が農業の発展を促したと思われる(紀元前九六〇〇年ごろ)。その三〇〇〇年後には、ヨルダン川流域で大麦や小麦が栽培された。野生のものより明らかに大きい穀粒が消費されるようになった。「一〇〇〇年も経たないうちに」、農業は科学になったのである。

レンズ豆とヒヨコ豆の料理が登場した。衣服を縫うようになった。動物もより効率的に利用されるようになり、食用のためにすぐに殺すのではなく、毛や乳を得る、あるいは荷車を引かせるために飼育されるようになった。

農業の発明は人口爆発の起爆剤になった。現在まで継続中の人口増加によって生物多様性は失われた。というのは、ヒト以外の生物種は、ヒトのきわめて短期間の進化に適応する術をもたなかったからだ。紀元前一万年から七〇〇〇年ごろになると、手の込んだ石器が広く利用されるようになり、また農民たちは、土器、織機、建造物を発明した[14]。この時点から人類史の「急速な時代」に入った。生物学的にヒトを変化させた「奥深い時代」は影をひそめたのである。たとえば、乳製品を消化させるラクターゼのような遺伝子の突然変異はめったに起きず、突然変異の影響は軽微になった。ジャレド・ダイアモンドは、石器時代の暮らしから脱したばかりの村で生まれた先住民系の友人の一人について語っている。その友人は、文字社会そしてデジタル社会にもすんなりと順応できたという。ダイアモンドは次のような結論を下した。「言い換えると、読み書きを学んだり、飛行機の操縦を覚えたりするために遺伝子を変異させる必要はなかったのだ。これはよいニュースといえよう[15]」。

農業の伝播にはいくつかの説がある。一つめは、狩猟採集民は、農業のほうが効率的なため、農業を自発的に採用したという、ハイテクノロジーが劣ったテクノロジーを駆逐したとする説だ。もう一つはもっと暴力的な解釈だ。ホモ・サピエンスがネアンデルタール人を死に追いやったと思われるように、栄養状態がよかったために人口規模で勝った農民社会が、人口密度の低い社会を衰退させたのではないかという説だ。たとえば、農民のマオリ人は、近隣（現在のニュージーランドが位置する地域）に住む狩猟採集民のモリオリ人を絶滅させた。また、絶滅は間接的にも起きる。農民たちが狩猟採集民の暮らしの糧になる生態系を破壊する場合だ。そのとき、野生動物は姿を消し、野生植物は身近で採取できなくなる。ようするに、西洋の場合について科学的に一致する見解は次の通りだ。ヨーロッパの農民の四人に一人は異郷の出身者であり、四人に三人は生活様式を変えた現地人だった。そしてこの四分の一の人々とは、ヨーロッパ以外の地域の民を支配した肥沃な三日月地帯出身の戦争指導者だったと思われる。武力によって強制される場合にせよ、納得して行なう場合にせよ、テクノロジーをめぐるダーウィニズムが始まったのだ。最も強力な技術が優位に立つようになったのである。

権力の始まり——階級社会をもたらした「大転換」

狩猟採集社会と初期の農村社会は平等主義だった。指導的な立場が世襲されることはなかった。重要な決定は、祭りや宗教行事などの際に、合意に基づいて下された。人類学者ピエール・クラストルは、名著『国家に抗する社会』〔渡辺公三訳、水声社、一九八九年〕において、アマゾンのグアヤキ民族が指導者を暴走させない方策について述べている。それは指導者に最初に話す権利と死ぬ権利は与えるが、決定する権利は与えないというものだ。

農作業とともに「大転換」が起こった。社会は階層化され、族長支配体制が登場し、指導者に世襲的な権力が付与され、指導者たちは民衆が供する余剰で暮らすようになったのである。社会は、兵士、聖職者、神官、農民などの専門家集団で構成された。アメリカの社会学者ハーバート・サイモンは、階級社会では、同じ命令が同じ方法で何度も（単に）繰り返されるため、そうした社会はきわめて複雑な構造になると説明する。[16] 七つの階層があるとしよう。王は一〇人の王子に命令を発する。王子たちは、一〇人の領主を支配する。領主たちは、一〇人の騎士に命令を下す。騎士たちには一〇人の分益小作人がいて、彼らの下には一〇人の農民がいる。農民たちには一〇人の子供がいる。このようにして、一人の王が一〇〇万人余りの人々を統治するのだ。ようするにこのモデルでは、上中層部が一〇〇万人の農民や奴隷という下層部を支配するのである。

階級制は男女間でも広がった。狩猟と採集の分業が始まり、採集に従事する者は農業に移行するようになった。土地が豊富なとき、男女はまだ平等に耕作していた。だが、人口圧が高まると、農地での労働は集約的になった。そうはいっても、多くの女性は平均的な男性と同じくらい肉体的に頑健だった。実際に、男女とも重労働に従事していたのである。スタンフォード大学教授の考古学者イアン・モリスは、メソポタミアのテル・アブ・フレイラの集落〔考古遺跡〕から出土した一六二体の遺骨を検証した。それらは農業が始まる以前の時代のものだ。遺骨は男女とも脊椎骨が変形していた。これはどちらも重い荷物を担いでいたからだろう。しかし、女性だけが足の関節炎を患っていた。なぜなら、女性は座って縫物をすると同時に穀物を挽いていたからだと思われる。農業が始まると、人々の暮らしぶりは変化した。男性は屋外で、そして女性は屋内で働くようになったのである。女性は狩猟採集社会ではさまざまな役割を担っていたが、農村社会での役割は子供を産むことに限定された。女性の地位は格下げになったのである。

帝国の誕生

西洋とは何か。西洋は、肥沃な三日月地帯から生じた地理空間を示す。紀元前九〇〇〇年に始まった農業革命は、紀元前八〇〇〇年にトルコ、紀元前七〇〇〇年にギリシア、紀元前六〇〇〇年にイタリア、紀元前五〇〇〇年に中央ヨーロッパ、紀元前四〇〇〇年にフランスに到達した。つまり、農業革命は各地域の境界を越えるのに一〇〇〇年を要したのである……。チグリス川とユーフラテス川の間に位置する肥沃な三角地帯メソポタミアでは、特異な出来事があった。現在のイラクの一部にあたるこの地域は蒸し暑かった。インド洋から吹くモンスーンは雨をもたらしたが、降水量は少なかった。雨頼みの農業から河川の水を利用する灌漑農業に移行するには、二〇世代以上を要した。紀元前三八〇〇年ごろ、(新たな)寒冷期がモンスーンを減らした。存亡の危機を迎えたメソポタミアは、社会経済の組織改革によってこの危機を克服した。というのは、それまでにない複雑な灌漑システムを構築し、次のモンスーンの時期まで貯水できるようになったからだ。

ゴードン・チャイルドは、紀元前四〇〇〇年紀のメソポタミアの転換を「都市革命」だと論じた。この時代のアテネともいえる大都市ウルクは単なる都市ではなかった。徴税機能をもち、権力を尊重させるために徴兵できる国家だったのだ。最古の文字が記された板はこの時代のものだ。イアン・モリスによると、ウルクは、シリア、ナイル川流域、そしてイラン高原にいたるまでの交易ネットワークの中心地になったという。ウルクは、水路ネットワークによって近郊の村々を結びつけ、それらの村々を支配した。この水路ネットワークを利用すれば穀物や村人たちを都市へ運搬できた。これが「ウルク型世界システム」である。

似たようなことはエジプトでもみられた。紀元前三八〇〇年にモンスーンが減ったため、メソポタミアと同じ課題がもち上がった。紀元前三一〇〇年ごろ、ナイル川流域ではそれに呼応して、大規模な政治的な転換が起こった。一〇〇万人ほどをまとめ上げた、その時代では最大の王朝が誕生したのである。紀元前二五五〇年ごろギザに建設されたクフ王のピラミッド（高さ一三九メートル）は、一三一一年にリンカン大聖堂（高さ一六〇メートル）が完成するまで、世界一高い建造物だった。農業への参入が遅れたそれら二つの帝国は、肥沃な三日月地帯と呼ばれるメソポタミア地域を支配した。これはロシア出身の歴史家アレクサンダー・ガーシェンクロンが唱えた「後発性の利益」のおかげだ。この法則は経済学者たちの間で広く知られている。「経済的に遅れている」ため、回り道せずに他国の模倣に全精力をつぎ込めるのである。[17]

一方、中国北部の黄河および南部の揚子江流域では、紀元前八〇〇〇年から紀元前七五〇〇年の間に稲作、そして紀元前六五五〇年ごろにキビの栽培が始まった。その後、農業はこれらの流域全体に伝播し、次に西に向かって渭水流域と秦地域に広がった。紀元前三八〇〇年、揚子江と黄河の多湿な流域は、気温が下がって乾燥したため、耕作しやすくなった。中国では、気候が急変してもエジプトやメソポタミアのような政治的な断絶は起きなかったが、同じ性質の新たな力が生じた。すなわち、それは雨だけに頼るのではない計画的な「水工学」の帝国の力である。

東洋と西洋――統一と多様性のユーラシア文明

ユーラシア大陸の両端の地域は、同じ道筋を経て発展することになった。文字、宗教、供犠《くぎ》、陶器、指導者の墓碑、(ほとんどの国民の)労働集約化、食糧備蓄、要塞、犬をはじめとする動物の家畜化などだ。

東洋は、一五〇〇年遅れて西洋が歩んだ道筋をたどった。そうはいっても、いくつかの例外もあった。陶器は、東洋では西洋より七〇〇〇年も早く登場した(これは東洋の人々が農業発明以前に定住したことを意味するのかもしれない)。逆に、宗教儀式は西洋のほうが六〇〇〇年ほど先行した。[18] しかし、全体的にはほぼ似通った道筋だった。イギリスの人類学者ジャック・グディによると、[19] このように類似した発展は驚くには当たらないという。ユーラシア大陸の両端の地域では、農業以外にも紀元前三〇〇〇年ごろの青銅器時代の共通の源泉から文明が生まれたのだ。[20] もっとも、東洋の青銅器時代は、西洋からもたらされたとも考えられる。というのは、中国の初期の王朝の重心が内陸に置かれていたからだ。

ユーラシア大陸で文化が伝播しやすかったのには理由がある。ジャレド・ダイアモンドが強調するように、ユーラシア大陸は東西に広がっている一方で、アメリカ大陸とアフリカ大陸は南北に長い。東西方向だと、当然ながら同じ経度に位置する。それは季節変化が同じであることを意味する。東西方向における農業発明の伝播スピードは、南北方向におけるよりはるかに速い。南イタリア、イラン、日本との間に六四〇〇キロメートルの距離があるとしても、それらの地域における農業は、ある程度共通の気候のもとで行なわれる。キリストの時代、肥沃な三日月地帯を原産地とする穀物は、アイルランドから日本まで、一万六〇〇〇キロメートルもの範囲で栽培された。このようにして統一と多様性のなかに誕生したのがユーラシア文明だ。それに対してアンデス地方のリャマ〔哺乳類ウシ目ラクダ科の動物〕が北米で飼育されることはなく、また馬がサハラ砂漠という障害を乗り越えて南アフリカの温暖な気候で飼われることもなかった。南北に伸びる大陸での知恵の伝播は、はるかに難しいのだ。

複合的な観点に基づく指数——エネルギー量、戦力、都市化

今日、国富がＧＤＰによって示されるように、イアン・モリスは、時間の経過にともな

う西洋と東洋の発展を検証するために、複数のデータを一つに統合した指数を算出した。最初に取り上げた変数は、社会の利用可能なエネルギー量、二番目は戦力、三番目は都市化の割合だ。各変数の基準（一〇〇〇）は古今東西の最高値とした[21]。

モリスの指数は、西洋では新石器時代から紀元前五〇〇〇年までの間に二倍になった。そして東洋の指数は、西洋より一五〇〇年遅れて同じ数値になった。西洋と東洋の文明の発展は限界に達し、両方の文明ともこの壁となる指数（42／1000）を超えられなかった。たとえば、中国の指数は一一五〇年の宋の絶頂期にこの数値に達し、その後、中国は衰退した。中国の推移は、その一〇〇〇年前の古代ローマ文明とまったく同じだ。この数値を超えるのは産業革命を待たねばならない。壁を打ち破ったのは一九世紀のヨーロッパである。

ユーラシア大陸の両端の地域にみられる類似からは、次のような結論が導き出せるのだろうか。すなわち、人間は与えられたことだけをこなすロボットのような知恵のない存在であり、降水量、天候、動植物相がすべてを決める、という結論である。ジャレド・ダイアモンドはこの問いに対し、「そのような考えはまったくの見当違いだ。発明の才能がなければ、われわれ人類は全員、いまだに石器で切った生肉を食べていただろう」と述べる。その根拠としてダイアモンドは、多くの基礎的な発見は繰り返しなされたと指摘する。水車、ひき臼、歯車、方位磁石、風車、カメラ・オブスクラ〔写真の原理による投映像を得る装置〕などだ。最も素晴らしい発明はアルファベットであり、アルファベットは人類史全般を通じて何度も出現したはずだ。アルファベットは、紀元前二〇〇〇年紀ごろに現在のシリアとシナイ半島の間の地域で暮らしていたセム語の話者に由来する。数百種類がかつて存在し、現在でも存在する、それらすべてのアルファベットは、このセム族の祖先のものから派生した。アルファベットは農村社会に「必要」ではなかった。ようするに、予測不可能な人類の特性は、独創力をもつことであると同時に、他の地域のアイデアをわがものとする優れた能力なのだ……。

二〇二六年一一月一三日――人類を救った予想外の人口転換

ルソーは、文明化された社会の不幸の原因は農業と製鉄業にあると論じた。これと同じテーマを扱った人類学者マーシャル・サーリンズも、(ルソーよりかなり後に)次のような疑問を投げかけた。「なぜ、労苦、不平等、戦争などの報いがあったのに、農業が狩猟と採集に取って代わったのか」[22]。実際に、それは農業文明をめぐる主要なパラドックスだ。農業は人間の食生活を豊かにするはずだったが、飢餓が蔓延する社会を(あらゆるところに)つくり出したのだ。人類が善を悪に変えてしまったのは、一体、何たる呪いか。

一八世紀末、マルサスは人類史をきわめて単純なメカニズムを用いて概括した。すなわち、食糧事情がよくなると人間は繁殖する。農業が始まり、人々の栄養事情が農業によって改善されると人口爆発が起き、栄養事情の改善という当初の便益は打ち消されてしまう。

マルサスによると、農業の課す制約がなければ、人類は指数関数的に増加する傾向があり、農業生産の限界に達すると自滅するという。たとえば、人口が一〇〇年ごとに倍増すると、人口は一〇〇〇年後におよそ一〇〇〇倍になるだろう。ところが、耕作可能な土地が開墾されるペースは人口増加のペースよりはるかに遅い。そこで人口増加は、農産物の不足によって歯止めがかかることになる。人口増加を押しとどめるのは、飢餓や生態系の危機である。

今日、経済史を眺めると、それは経済の発展と危機が交互に訪れる陰鬱な繰り返しだとわかる。豊富な食糧資源が人口を増加させると経済発展する。人口の急増によって食糧資源が希少になると経済危機に陥る。ところが、どのような傾向であってもそれと正反対の傾向も生じる。すなわち、人口過剰になっても、その増えすぎた人口から新たなアイデアが生み出され、人口を養える限界は押し広げられるのだ。デンマークの経済学者エスター・ボズラップは、一九六五年に名著『人口圧と農業―農業成長の諸条件[23]』を出版した。この著書の中でボズラップは、人口圧によって独創力が生まれ、この独創力が人口過剰によって生じる諸問題を解決すると論じた。人間が増えると、アイデアも増え、食糧資源も増える。農業特有の「収穫逓減」の法則を払いのける力学が作動するのである。

ハーバード大学教授マイケル・クレマーは、「人口増とテクノロジーの変化[24]」という有名な論文において、歴史を振り返るとマルサスとボズラップの理論は矛盾するどころか、双方が結合すると述べた。人口は食糧の供給能力の限界まで増加するが（マルサス）、人口増加によって刺激される独創力のおかげで、この限界は必ず押し広げられる（ボズラップ）。ようするに、地球には空腹な人々が増え続けるのだ。クレマーの計算によると、人口はマルサスが考えたような指数関数的な増加ではなく、それ以上の速度で増加するという。核反応のように増加率自体が上昇するのだ。

問題は、このプロセスはいずれ破綻すると思われたことだ。たとえば、過去一万年間の人口増加を基に補外計算すると、[25] 世界人口は、二〇二六年一一月一三日に無限大になって爆発するという。クレマーが計算した係数（クレマーはパラメータを独自に推定した）を利用しても、前述の補外計算の結果とそれほど変わらず、二一世紀中ごろに人口爆発が起きる。

われわれは人口爆発から逃れたが、その理由は、当時は誰も予見しなかった、あるいはわからなかった人口転換［人口の自然増加の形態が、多産多死型から多産少死型、さらには少産少死型へ移行すること］という奇跡によるものだった。最初に先進国、次に世界中で、人々は出生率を急減させた。このようにして、原因が今日でもさかんに議論されている予想外の人口転換が、人類を予定されていた崩壊から救ったのだ。

呪われた道筋——可能性の果てまで突き進む

イアン・モリスは、人類は食生活の改善によって得たエネルギーのはけ口を、さらなる生殖活動に用いたと説明した。ジョルジュ・バタイユは、エロティシズムに関するエッセイ集として知られる『呪われた部分』においてそのことを示唆し、この問題を新たな角度から検証した。

バタイユは、人類の文明の起源を単純なエネルギー原則に見出した。「太陽光は見返りを求めないエネルギーを発する。この豊かさに満ちたエネルギーこそが、われわれに富の源泉と本質を与えてくれる」。植物に対して草食動物、また草食動物に対して肉食動物は、贅沢な存在だ。同様に人間は、あらゆる生き物のなかで最も激しく豪奢に消費する存在だ。人間は、自然から得るよりもたくさんのエネルギーを消費する。バタイユは次のように説明した。「地球上の暮らしの歴史は、おもに途方もない豊かさの結果だ。お金がますますかかる生活様式の生産、つまり贅沢の発展こそが主要な出来事なのだ」。

バタイユは、人間社会は過剰なエネルギーを自分たちの意のままに手に入れ、これを惜しみなく消費すると論じた。人口はそうした形態の一つにすぎない。アステカ人も巨大なピラミッドを建設し、その頂上で生贄の儀式を行なった。「彼らの世界観はわれわれのものとは正反対かつ異質だが、彼らは、われわれが働くことに関心を抱く以上に生贄を供することを気にかけていた」。生贄は、役立つ富全体から供される余剰だ。生贄が選ばれるや否や、それは暴力的に消費される「呪われた部分」である。北アメリカの先住民が行なう祭りの儀式ポトラッチは、このもう一つの例だ。首長は自分のライバルに高価な贈り物をする。その目的は、相手を屈服させること、相手に挑むこと、相手に贈り物のお返しを強要することだ……。「浪費のある暮らしは、浪費家に威厳を与えることによって成り立つ」。

一見したところ、自分の身を守る必要さえないチベット人たちは、余剰を浪費するこのシステムの対極に位置するように思える。チベット人の余剰を浪費するための「解決策」は、すべての余剰を僧院に寄進し、非生産者たちの生活を維持することだ。生贄、祝典、戦争などは、社会の余剰エネルギーのはけ口になる。現代社会では、工業設備に留保される……。バタイユは、「たいていの場合、経済成長は存在せず、そこにはエネルギーの豪奢な浪費がさまざまな形態で存在するだけだ」と主張する。

そして次のように結論づける。「一般的な経済が明示するのは、現時点において一触即発の緊迫の極限がもたらす、この世の爆発的な特徴だ」。社会は、その社会を導く法則を理解することなく、「すべての部分でその社会の可能性の果てまで」突き進む以外の道筋をもたない。だからこそ、その社会の一部であるところの余剰、すなわち呪われた部分が浪費されるのだ。

貨幣の誕生――富に関する言語の発明

貨幣は、文字が果たしたように、人類史を累積的に成長させる過程に引き入れた要因の一つだ。貨幣は、紀元前六世紀にリュディア王国で発明された。ヘロドトスは、貨幣の歴史をメルムナデス朝の初代王ギュケスにまで遡って語った。ヤーコブ・ヨルダーンスの一六四六年の絵画〔ギュケスに妻の裸体を見せるリュディア王カンダウレス〕には、ギュケスがカーテンの陰に隠れて王妃の光り輝く美しい裸体を眺めている姿が描かれている。この王妃がカンダウレス王の妻であり、カンダウレス王は、自分の妻の美しさを自慢するあまり、妻の裸体を自分の臣下にみせようとした。王妃はギュケスが自分を覗きみたことに気づいた。怒った王妃はギュケスに対し、王を殺すか、自分を侮辱した責任をとって自殺するかを迫った。(26) そこでギュケスは、カンダウレス王を殺すことにした。それからしばらくしてリュディア王国は貨幣を発明した。リュディア王国の最後の王クロイソスは、最もよく知られている。

自分の調査を基にこのエピソードを叙述したヘロドトスは、貨幣を発明したのがどうしてギリシア人でなくリュディア人だったのかは明示していない。ギリシア人とリュディア人が余暇に興じていたゲームは、おもにギリシア人が発明したものだった。しかし、ヘロドトスによると、「トリックトラック〔バックギャモンの一種〕」は例外であり、このゲームは、リュディア人が大飢饉の最中に発明したという。ヘロドトスは、リュディアでは「娘たち全員が持参金を蓄えるために売春する。彼女らは夫を見つけるまで売春を続ける。夫を自分たち自身で選ぶ」とだけ述べている。持参金を蓄えようとする若い娘たちの売春が、貨幣発明の要因だったのではないか。ヘロドトスは、そのようにほのめかした……。

たしかに、エジプト、メソポタミア、旧約聖書の時代に「貨幣」は知られていなかった。ここではジョルジュ・ル・リデーの秀作『貨幣の誕生[27]』の用法に従い、鉤括弧つきの「貨幣」と記す。さて、金や銀の延べ棒などの無記名の「貨幣」は、定期的に重さを量らなければならず不便だが、これが大きな支障だったとは思えない。国王の刻印のある国家貨幣は、この交換手段の重要性を根本的に変化させた。国家貨幣は一般の商品ではなくなり、普遍的な新しい言語の源泉になったのである。文字が知識を蓄積する手段になったように、貨幣は富の蓄積を実現するコミュニケーション手段になったのだ。しかし文字と同様に、貨幣には蓄積以上の利点がある。貨幣によってつくられた新たな言語は、誤解の源にさえなった。言語は物事を指し示すための「中立的」、すなわち「客観的」な手段ではない。言語は、言語なしでは存在しないだろう考えに対し、言葉を並べながら独自の世界をつくる。貨幣も同様だ。貨幣は、富に関する言語を発明したのである。

貨幣という新言語——伝統的な社会秩序に対する脅威

貨幣の存在によってつくり出される新たなシンタクスの人類学的な意味は、ミッシェル・アグリエッタとアンドレ・オルレアンが見事に説明している。(28)貨幣のない社会では、直接的なつながりしかない。たとえば、コミュニケーションの専門家ポール・ワツラウィックは、冷蔵庫の前で鳴き声を上げる猫は飼い主に対し、「ミルクをくれ」と言っているのではなく、「母親のように振る舞ってくれ」と訴えているのだと説明する。(29)これと同様に、貨幣の存在しないときの交換は、同盟関係や主従関係を築く社会的つながりから抜け出せない。

金銭的つながりでは、まったく反対のことが生じる。貨幣を支払った時点で関係は終わる。僕が君にお金を払えば、われわれはお別れだ。たとえば、人類学者ゴードン・チャイルドは、刻印入りの貨幣が導入されると、集団への完全な依存は終わると述べた。私は二度と会わないだろう見知らぬ人から商品を買うことができる。実際に、もし私がその人と再び会うことはないと考えるのなら、私はその人に貨幣で支払うべきだ[30]。後にアダム・スミスは、貨幣が存在するおかげで、パンを購入するためにパン屋に微笑まなくてもよいと論じた。われわれは貨幣のおかげで他者との関係から解放される。問題は、貨幣にはその後に他者との関係を再構築する方法が用意されていないことだ。当初から貨幣による交換にはこの矛盾があった。貨幣による交換によって知らない者同士の関係は成り立つが、実際のところ、そうしたネットワークは、特定の集団における強固なつながりを拠りどころにする際には、あまり効果的でない[31]。

カール・ポランニーによると、貨幣経済ははるか昔に社会に「埋め込まれた」という。人類史において、経済はかなり後になるまで明確な学問分野ではなく、経済が社会から「掘り出される」には、一九世紀の「大転換」を待たなければならなかった。たとえば、ロランス・フォンテーヌの佳作『道徳経済[32]』によると、一七世紀までの貸付の意味合いは、われわれの時代とは非常に異なるという。ヨーロッパではすでに商業革命が起きていたのに、仕方なく金銭を貸し付けても、返済を真剣に心配することなどなかったという。完全な知的学問としての経済学も、かなり後になってから登場した。生産、投資、レント、利潤などの経済学的な論理基盤を形成する概念が理路整然と統合されたのは、一八世紀になってからだ。

事実、社会には長年にわたって、自分が成り上がるために貨幣を利用する人物に対する暗黙の猜疑心があった。東洋でも西洋でも、商人は、都市国家の暮らしとはほとんど無縁な慎ましい家柄の出身だった。アテネの居留外国人は莫大な富を築くことができたが、彼らの生活レベルはそれほど贅沢ではなかった。「土地や家屋の所有を禁じられた居留外国人は、馬をもつことも、饗宴を催すことも、豪邸を建てることもできなかった。裕福な居留外国人はたくさんいたが、彼らは慎ましい暮らしを送っていた[33]」。人類史では、昔から貨幣の背後には居留外国人の存在があった。貨幣は、伝統的な社会秩序にとって隠れた脅威だったのだ。

貨幣と国家

だからといって市場は産業革命後になって登場したのではない。今日、大半の歴史家は、ポランニーの理論を相対的に考える。域内貿易であろうと遠隔地貿易であろうと、商取引はすぐに古代文明社会の重要な側面になった[34]。ジャック・グディによると、「メソポタミアや中央アメリカの初期の都市社会のころから、国家にとっても商人たち自身にとっても、商人は重要な存在だった。アッカド〔メソポタミア南部を占めるバビロニアの北半分の地域〕の王たちは、見知らぬ土地で危険にさらされている商人に保護の手を差し伸べた。アステカでは、商取引を拒否すると敵意があるとみなされた」という。商取引が〔oikos〔古代ギリシア語で家を意味する〕、つまり国内経済の〕互恵に基づく行為だとみなすのは単純だ。青銅器時代から世界中のいたるところで、都市、職人、商売によって生活する「ブルジョワジー」の発展がみられた。メソポタミアや中国などの地域で文字が最初に利用されるようになったのは、貸付が拡大したからでもある。「所有権に関する法律がローマ法によって始まったとする通説は、ローマ以外の社会を無視した話だ。中国では、唐時代から賃貸借人双方を結びつける、書面による契約が交わされていた[35]」。

というのは、貨幣は国家の娘のような存在だからだ。国家は、現物によらない徴税手段をすぐに必要とした。軍隊や警察を維持する国家をつくりたい者にとって、ニワトリや羊での納税はあまり役に立たない。国家は、国家独自のやり方で、互恵、贈与、物々交換の関係を解消するために貨幣を必要とし、行政の財源を得るための「普遍的な」支払い手段を確保しなければならないのだ。ピエール・クラストルの説を言い換えると、レヴィ＝ストロースが社会自体は家族に反してつくられたと指摘したように、国家は反社会的なのだ。

グレコローマンな道筋——法律と貨幣という羅針盤

ギリシア人は独自の道を歩んだ。ペリクレス時代のアテネでは、大地主は食事を無料で振る舞っていた。だが、こうした現物支給に対し、ペリクレスは民主的な理念に基づき、すべての市民が補助金を受け取れるようにした。ペリクレス自身もその年の収穫物を一度に売却し、自分が必要とするものがあればその都度、アゴラで購入していた。古代ギリシアの土地所有者は、自分たち自身の利益に関係するのなら、商取引を軽視することはなかった。アッティカ〔ギリシアのアテネ周辺地域〕の土壌はオリーブ・オイルとワインの生産に適していたが、ギリシアは穀物を輸入しなければならなかった。地主は「屋敷」の食糧を調達するため、穀物と引き換えに自分たちの醸造するワインを売った。現在の工業化された経済における原油貿易と同様に、古代ギリシアでは、この商取引はきわめて重要だった。ポランニーが指摘するように、まさにこうした理由から交換価格が直ちに規制されたのだ。この価格は、しばしば政令によって規制されたのであって、自由市場に任せられたのではなかった。しかし、これがきっかけになって「行政が管理しない」広大な地中海貿易が誕生したのである。[36]

次に、ギリシア人の世界はローマ人の世界になった。するとすぐに人間が暮らす地域では、小さなイタリア共和国の中央に位置するローマが地中海世界の支配者になった。ローマは、自国の利益を確保するために地中海世界の資源を引き寄せた。エジプトとガリアは麦、中東は織物、ギリシアはアンフォラ〔取っ手付きの壺〕、スペインは冶金をローマに供給した。[37]ローマ人は、ギリシアの遺産である貨幣と法律を難なく受け継ぎ、それらを普及させた。きわめて立憲主義のローマ人自身も偉大な立法者であり、彼らはギリシアの商法を自分たちの法律にすんなりと組み入れた。[38]ローマではアテネと同様に、商取引は貴族階級に軽蔑されたのにもかかわらず、すぐにローマ帝国の一部になった。

ローマでは、平民に「パンとサーカス」が与えられたことが知られている。しかし、壮大な紫禁城が中国のたどった栄光の軌跡を物語るように、市民に気前よく出費しても、ローマ帝国のおもな支出先は軍事だった。そのため、ローマ帝国は貨幣での納税を要求した。一方、現物で徴税した小麦は、仲介者を通じて市場で販売された。塩と鉄を国の専売事業にしたのも、税収を上げるための国の財政戦略の一つだった。かなり後の一六世紀から一七世紀ごろには重商主義と呼ばれることになる、商人たちと力のある領主に対抗する王たちの同盟は、もともと国家の慣行だった。

ルネサンス期のヨーロッパは、法律と貨幣によって貴重な財源を確保する仕組みを手に入れた。法律と貨幣は、商取引が支配する経済という新たな航海の羅針盤になった。東洋と西洋はかつて同じ道筋を歩んだが、少なくともしばらくの間、違った道筋を歩むことになった。この（最初の）大きな分岐のおもな理由は次の通りだ。西洋では、ローマ帝国は異国人の侵入に耐えきれなくなる一方、中国では、帝国はショックに耐えた。[39] 当初は不利だったそうした状況が、後に西洋の利点の源になったのだ。西洋は危機によって大きく後退したからこそ、奴隷と乏しいテクノロジーに基づくローマ型システムから抜け出せたのである。[40]

長い冬眠から目覚めた西洋は、過去の農業のときと同じくらい重要な発見に導く未踏の道筋を見出した。それは産業革命である。

歴史の飛翔——ヨーロッパ独自のものはあったのか？

西洋史は、ギリシアのペリクレスからダンテやガリレイのヨーロッパを経て、ジェームズ・ワットとアダム・スミスのヨーロッパにいたると、長年にわたって紹介されてきた。西洋史は、自由と繁栄に向かう西洋人の勝ち誇った歩みを体現する一方、東洋の体制下では国民全員が暴君の意思に従い、貧困にあえいでいたのだろうか。たとえば、西洋だけに近代性をつくり出す哲学（ギリシア哲学）、道徳観（キリスト教）、科学（ガリレイ）、経済（ジェノヴァ、フィレンツェ、アムステルダム、ロンドンの金融）があったのか。このような物語では、恋愛（宮廷風の恋愛、そしてロマン主義的な恋愛）、内的規律（セルフ・コントロール）、自由（人権や議会制民主主義という意味における自由）、ようするに、今日の十全たる個人を見出したのもヨーロッパにおいてだ、と解釈される。

詳細に分析すると、そうした物語はすぐに崩壊する。実際には、ギリシアとローマではテクノロジーの分野での大きな独創性は生まれなかった。古代ローマは経済活動の基盤だった奴隷労働によって袋小路に陥った。アルキメデスが得た知識を、戦争の武器以外の用途に利用できなかったのである。キリスト教が高利貸しを禁じていたこともあり、長年にわたって商取引を蔑んだ西洋人は、（商取引を少数派に委託して）ギリシアあるいはキリスト教の遺産の中に、今日でいうところの経済的な繁栄の源泉を見つけ出そうとした。だが、この努力は徒労に終わった。

ジャック・グディ、イアン・モリス、アマルティア・センなどの研究においても、恋愛、道徳的な普遍主義、自由は、西洋の「発明」だったのかが再考されている。中国やインドの文学を読めば、そうではなかったと、すぐに納得できる。

このようにして恋愛や情緒は、しばしば個人主義、つまり（自分の相手を選ぶ）自由と結びつけられる。歴史家によっては、恋愛や情緒が西洋に登場したのは近年になってからであり、それは中世のトルバドゥールが奏でる宮廷風の恋愛ではないかと考える者たちがいる……。しかし、ジャック・グディの研究によると、中国には紀元前三世紀に『詩経』という最古の恋愛詩集があったという。東洋がキリスト教の西洋と異なるのは、中国や日本では、恋愛は罪悪ではなく、祝福すべき価値だったことだ。『雅歌〔旧約聖書の一書〕』も恋愛の歌だ（寓話化されそうになった）。イスラーム世界全体でも、恋愛の詩は伝播していた（たとえば、詩人イブン・ハズムが一〇二二年に記した『鳩の頸飾り』）。そこでグディは次のように結論づける。「恋愛を『罪悪ではなく美徳』にしたのはトルバドゥールが最初だと考えるのは、中世ヨーロッパにとっては意味があるだろうが、世界的な観点からいうと、その考えは擁護できない(41)」。

同様に、恥から罪悪感への変化は西洋の特徴の一つだ、と紹介されてきた。恥が支配する社会は、他者の視線という外圧によって維持される。罪悪感は、社会的な制約が内面化されている社会への移行を意味するのだろうか。社会学者ノルベルト・エリアスによると、罪悪感の起源は封建主義から絶対主義国家に移行する西洋にあり、この時代に西洋の奇跡に関する説明の大部分が可能となる「文明の飛翔」が生じたのではないかという。これを証明するためにエリアスは、宮廷社会が貴族たちの品行を正した様子、つまり「文明化」の過程を見事に叙述している。そうした品行は、中産階級を通じて他の社会層にも広がったという。しかしながら、エリアスの物語には大きな弱点がある。すなわち、中世の暴力を西洋文明の出発点と捉えるエリアスは、ローマ帝国崩壊後の西洋人が体験した暴力の繰り返しなど存在しないものとし、また、西洋文明以外との比較が必要だとも述べていない(42)。そのうえ、エリアスがヨーロッパ文明熟成の始まりとみなす一六世紀は、実際には戦争と殺戮の恐ろしい時代の幕開けである。[43] 歴史家ロベール・ミュシャンブレによると、三〇年戦争（一六一八年から一六四八年）まで続くこのきわめて残忍な暴力の繰り返しがあったからこそ、国が合法な暴力を独占するようになったのだという。[44] しかしその時点でも、ヨーロッパ独自のものは何もなかった。

グディによると、中国では「素行の改善は、挨拶を交わす、あるいは身体の手入れをするなどの複合的な慣例によって表現される。宮廷生活の決まりごと（たとえば、茶会）は、農村の暮らしの単純さとは対照的である」。そのような品行の改善は、西洋の「文明化される過程」と似たり寄ったりだ。歴史が繰り返すことを充分に考慮すれば、東洋と西洋は、驚くほど似通った関係にあった。規範による作法の改善、そして貴族の仲間入りを目指す中産階級の台頭は、ユーラシア大陸の両端にみられたのである。ケネス・ポメランツをはじめとするカリフォルニア学派と呼ばれる学者たちの研究が示すように、ヨーロッパと比較しても、一四世紀以降、中国が資本主義になることに関し、哲学的、物質的に大きな障害は何もなかった。農業面では、中国は非常に効率的であり、市場は高度に統合されていた。労働市場の面では、中国にはヨーロッパのように同業者組合という障害はなかった。[45] 中国では、熟考した政策の結果として、女性の就労率はヨーロッパよりも高かった。そこでお決まりの疑問がもち上がる。どうして西洋において近代的な経済成長が起きたのだろうか。

中国の絶頂期と衰退――モンゴルという外的要因

過去を振り返ってみよう。ローマ帝国崩壊後、西洋は長い冬眠に入った。冬眠から目覚めた西洋は、世界の人々が西洋など必要とせずに暮らしていたのを目の当たりにした……。一一世紀から一三世紀ごろに始まったヨーロッパのルネサンスは、東洋への憧れに満ちていた。ヨーロッパのルネサンスは、マルコ・ポーロの旅にロマンを感じた。ヴェネチアは東洋との交易で富を築き、ヴェネチアをモデルとする大商業都市（ジェノヴァ、アムステルダム、ロンドン）も繁栄した。クリストファー・コロンブスが出航したのは、インド航路を発見するためだった。この発見がコロンブスでなくユーラシア大陸のどの国の人物であっても、イギリス、スペイン、ポルトガルが行なったのと同じように、アメリカ大陸は開拓されただろう。(46) たとえば一四〇五年、〔明の〕武将の鄭和は、三〇〇隻の船、二七〇〇名の船員、一八〇名の医師を引き連れ、南京からスリランカ、そしてアフリカまで航海した。鄭和は羅針盤を利用し、飲料水のための補給船を確保した。一方、コロンブスには、三隻の船、九〇人の船員しかなく、飲料水の補給船や羅針盤はなかった。しかし、中国は航海を中断した。というのは、中国はヨーロッパに向かう新たな航路の発見にあまり興味をもたなかったからだ。そうした事情はヨーロッパ側にとっても同様だった。

西洋が再び飛躍するきっかけになった大きな発明は、羅針盤（航海のため）、活版印刷術と紙（知識の伝達のため）、火薬（戦争のため）だ。何とそれらすべての発明は、中国のものである。実際、一四世紀の中国は、その四世紀後にヨーロッパで勃興する産業革命の一歩手前の段階にあった。宋の時代の一一世紀と一二世紀に、イアン・モリスによると、中国はローマを追い抜き、絶頂期にあったという。市場には農産物だけでなく、「紙、麻、絹、桑の葉」などの新製品が出回っていた。

しかし、中国のルネサンスは、一三世紀のモンゴルの略奪という外的要因によって打ち砕かれた。さらに、西洋が飛躍した要因の一つは、モンゴルの脅威が終わったことであった。すなわち、一六世紀にイヴァン四世（雷帝）が、東洋と西洋を結ぶロシアのステップ地帯にある交通路を遮断したのだ。モンゴルの略奪によって壊滅的な被害を受けた中国の産業レベルは、その後、一四世紀よりも後退し、明の王朝の再興にもかかわらず、過去の勢いを取り戻すことはなかった。ケネス・ポメランツによると、中国における産業の衰退には地理的なめぐり合わせがあるのではないかという。モンゴルの侵略により、中国の知識および政治の中心地は中国南部に追いやられたが、中国の場合、イギリス発展の決め手になった石炭の産地は、中国北部に位置していたのである。

西洋の飛躍――戦争と重商主義

西洋の飛躍の要因は、宮廷風の恋愛や内的規律というよりも、ヨーロッパの巨大勢力が巻き込まれた恒常的な戦争だった。誰もがローマ帝国の再構築という覇権主義的な野望に取り憑かれていた。たとえば、ライプニッツは、「ヨーロッパとは何か。隣国同士で戦う激しさだ」と記している。ヨーロッパの巨大勢力が互いに真似しながら身を投じた内戦状態は、西洋固有のものだ。騎士たちが自分たちの君主に戦場で年間四〇日合流する領主の戦いから、傭兵による軍隊の戦いへと移行し、兵士の人数は増加した。ローマ時代と同様に、君主は社会のあらゆるところにお金を必要とした。傭兵への支払のため借金がかさんですでに身動きができなくなっていた国は、増え続ける公的債務を肩代わりさせる目的から、金融資本主義を生み出した。この時代のヨーロッパが発明した資本主義の類まれな要素の一つが公的債務である。

この戦争により、大砲や航海術に著しい進歩があった。これらは偉大な探検家たちの発見に続き、ヨーロッパでの戦争を他の大陸へ移すのにきわめて役だった。一六世紀から一七世紀にかけてヨーロッパ大陸の巨大勢力が目の当たりにしたのは、世界を征服するのはヨーロッパ全体を支配するよりもずっと容易だったことだ。その時代、地中海に代わって大西洋が新たな「われらが海」になったのである。[47]

その時代、政治経済学という用語が登場した。これは重商主義と呼ばれる学派の創始者の一人、フランスのアントワーヌ・ド・モンクレティアンの造語だ。重商主義にとって、貿易は武力以外の方法で戦争を継続することを意味した。国家は、自国領土にできる限り多くのゴールドを引き寄せるため、輸入量よりも輸出量を多くしなければならなかった。重商主義者たちは君主に対し、商人たちは最良の仲間だと説得した。もちろん、そうした考えは昔からあり、古代の王たちもそのことを心得ていたが、このとき、重商主義の影響力は社会全体に深く浸透したのである。

プロテスタントの倫理と資本主義の精神

新大陸の大発見により、巨大な貿易システムが登場し、変化は加速した。アジアは、香辛料、繊維、磁器、アメリカは、ゴールド、砂糖、タバコを供給した。そしてアフリカは、この世界規模の貿易の嘆かわしい役割を担った。アフリカは、(アジア製と比較して)粗悪なヨーロッパ製品を手に入れるために奴隷を売ったのである。封建社会から重商主義的な社会へのゆっくりとした移行は、「囲い込み」運動が起きた一八世紀のイギリスに到達した。なぜなら、イギリスの領主たちは、自分たちの農地で働いていた農民をためらわず追い払った。なぜなら、そこを牧羊地にして羊毛をオランダの織工に売るためだった。[48] ロベール・カステルはその時代の様子を、労働が祖先のつながりから「抜け出す」という歴史的な試みがなされ、それがずっと後の賃金労働につながったと描写している。[49]

それは、ジャン・カルヴァンがほぼ文字通りの意味で富を悪魔扱いするのをやめた時代だ。カルヴァンは、金持ちになるのは悪魔の所業ではなく、神の選択のなせる業だと説いた。当時、金銭欲はまだ罪悪だった。マルティン・ルター自身は商売を蔑み、教会の従来の見解である、高利貸しに対する呪いの言葉を主張し続けた。カルヴァン派の商人はこの禁忌から解放されたが、金儲けを自慢する態度は許されず、儲けは神の思し召しだと感謝しなければならなかった。神をたたえるために自己の功績を否定するように要求された。つまり、商人は金持ちであることを「謙虚に」受け入れなければならなかったのだ。

（バタイユが引用した）リチャード・ヘンリー・トーニーの巧みな言い回しによると、来るべき世界は君たちのものだと、カルヴァンはジュネーヴのブルジョワに、そしてマルクスはプロレタリアートに約束した。しかしながらトーニーは、カルヴァン主義によってむしろカルヴァン主義者の支配する集産主義的な独裁が課せられたと説く。この（新しい）伝統が自由な利潤追求になるのは、一七世紀後半にイギリスのピューリタンが登場してからだ。一六八八年にウィリアム三世がジェームズ二世を追放〔フランスに亡命〕したとき〔名誉革命〕、資本主義と宗教との間でジュネーヴにおいて締結された協定はロンドンに伝わり、マックス・ヴェーバーが資本主義の精神と解釈するものが推進されたのである。

機械化の推進——ペスト後の高賃金が産業革命を引き起こす

ヨーロッパ経済を転換させた状況要因を挙げるなら、それは一四世紀のペストだろう。封建制度においてペストはすべてを一変させた。これは西洋資本主義の一九二九年の株価大暴落に匹敵するだろう。農民人口が激減したため、人口と土地のバランスは農民に有利になった。この危機によって労働需要が高まり、農民は隷属的な労働条件から解放された。ヨーロッパ全土で農民の賃金は二倍に跳ね上がった。

そうはいっても、人々が食糧難から解放されたのは、つかの間のことだった。まもなく人口は増加し、ヨーロッパの人口水準はペスト発生以前の状態に戻った。人口が回復すると、賃金レベルも「正常」に戻った。一七世紀中に、ヨーロッパのほぼ全域で賃金が下落したが、オランダとイギリスだけは例外だった。両国ではペスト後の高賃金をほぼ維持したのである。たとえば、経済史家ロバート・アレンによると、一八世紀のイギリスの庶民は、白パン、牛肉、ビール、そして鏡、砂糖、紅茶などの贅沢品を購入できたという。これとは逆に、フィレンツェを例に挙げると、一五世紀にはパンを食べていた庶民は、一八世紀になるとアメリカ大陸から輸入され始めたトウモロコシからつくったポレンタ〔粥〕しか食べられなかったという。(50)

オランダとイギリスで賃金が高止まりしたのには、いくつかの要因があった。オランダとイギリスは、一六世紀から一七世紀の大航海によって生まれた商取引からさらなる恩恵を受けた。(51) これと並行して両国の農業は、他のヨーロッパ地域に先駆け、新たな科学のおかげで、とくに輪作に関する新たな技術を導入できた。

アレンによると、賃金が上昇しなければ、産業の発展は促されないという。安い労働力を利用できるのに、なぜ労働を機械化しなければならないのか。奴隷労働から抜け出せなかったローマ帝国の経済学の墓碑に刻み込まれたこの問いは、一七世紀と一八世紀のヨーロッパでは決定的であり続けた。分岐点になったのはペストによる急変だった。一八世紀中ごろの産業革命前夜、イギリスの賃金はフランスより六〇%も高かった。結果的にイギリスではこの高い賃金のおかげで、労働を機械化しようとする気運が著しく高まったのである。

したがって、高い賃金が産業革命を引き起こしたのであって、その逆ではない。たとえば、アレンはイギリスの繊維業を変革した重要な機械の一つを分析している。それはアークライトの発明した史上初めて商業的に大成功した綿糸を紡ぐための機械だ。アレンの計算によると、アークライトの機械への投資利益率は、イギリスでは四〇％だったが、フランスであれば九％にすぎなかっただろうという。当時のフランスは低賃金国なので、人間の労働を機械に置き換えても、収益性が低いのだ。それらの創意工夫にあふれる機械の性能が向上し、そしてフランスのような低賃金国でも機械の導入によって儲かるくらいまで機械の原価が下がったのは、一九世紀になってからのことだ。

それは近代の入り口だった。機械が頭角を現したのである。そしてまもなく蒸気機関によって、イギリスの産業が工場を動かすために用いるエネルギー量は一変する。[52] しかしながら、それまでの歴史では最初の過程では拡大しても、しばらくすると息切れを起こした。だが、そうはならずに西洋に上昇力を与えたのは科学革命だった。人類史における二番目のビッグバンといえる科学革命は、世界の捉え方を劇的に変化させ、すぐさま経済生命の牽引力になった。

閉じた世界から無限の宇宙へ——キリスト教と科学革命

ローマ帝国崩壊以降、冬眠から目覚めたヨーロッパは、他の地域では芸術や科学が進歩し続けていたのを目の当たりにした。とくに、アラブの医学と哲学は秀でていた。一〇八五年にカスティーリャ王国のアルフォンソ六世がイスラームの大都市トレドを手に入れたのは、きわめて重要な出来事だった。というのはその後、ギリシア語やアラビア語で書かれた大量の書物がラテン語に翻訳されたからだ。ヨーロッパは知識を渇望していたのである。二〇〇年の翻訳作業を経て、ヨーロッパは活動の準備を整えた。

アラビア語の翻訳のおかげで再発見されたアリストテレスの著作は、ヨーロッパの科学的精神の形成において、逆説的な役割を演じた。アリストテレスのおかげで、トマス・アクィナスは、理性は信仰の敵ではないと説いた。この発言により、科学的精神の息吹が流れ込む突破口が開かれたのである。ところが、アリストテレスは目的論に基づいて推論していた。つまり、物事の本質を合目的性によって説明したのだ（私に手があるのはリンゴをつかむためではない。私がリンゴをつかめるのは手があるからだ）。たとえば、アリストテレスは、重い物体は軽い物体よりも速く落下すると推論した。これが正しくないと証明されたのは、（逸話によれば）ガリレイがピサの斜塔の上から石を落としたときだった。また、アリストテレスは、真空は存在しないと考えた。ガリレイの秘書で弟子のトリチェリは、大気圧を測定できる気圧計を発明し、気圧計に利用される水銀柱の上部は真空になると証明した。[53] ガリレイの革新的な業績は、純粋理論と実験を結合させたことだ。後にアインシュタインが語るように、この結合は近代科学の奇跡になる。[54]

一二七七年にパリの大司教の声明により、教会がアリストテレスの多くの見解は異端だと宣言したため、人々はかえって熟考するようになった。一四世紀になると、ビュリダン（「ビュリダンのロバ」で有名〔空腹のロバが、左右等距離に同じ量の干し草があると知りながらも、どちらの干し草に歩み寄るべきかを思案している間に、餓死したというたとえ話〕）と彼の弟子オレームは、次にコペルニクスが革命を起こすための諸原則を打ち立てた。[55] ビュリダンは思考や論理だけに基づいて、アリストテレスの宇宙が地球の周りを回っているという天動説に挑んだ。ビュリダンは次のように考えた。もし、地球が太陽の周りを回っているとしても、われわれにとって物事はまったく同じように見えるだろう。たとえば、一隻の船がもう一隻の船の周りを回るとき、前者の船には、後者の船が自分の周りを回っていると見えるはずだ。しかしながら、ビュリダンは、回っているのは地球だとまでは結論しなかった。ビュリダン曰く、〔地球が動いているのなら〕空中に放った矢が同じ地点に落下することはないだろうからだ。ビュリダンの弟子ニコル・オレームは、矢は地球が動いている速度を利用するはずだから、この論証は充分ではないと説いた。

すると、科学の起源は、ガリレイやニュートンなどの中世の科学的な思考にあるのだろうか。この時代を専門に研究するリン・ホワイトは、この変化の発端は実はキリスト教にあったと示唆し、論争を巻き起こした。[56] なぜなら、キリスト教の有害な影響（たとえば、教会は、アリストテレスの地球は丸いという推論を退けた）が原因で、五〇〇年から一五〇〇年までの時代、ヨーロッパでは科学的な観点に変化がまったくみられなかったというのが、それまでの定説だったからだ。ホワイトはこの従来の見解を覆した。ホワイトによると、神のつくった世界を描く聖書をもつキリスト教は、神を自然とともに理解するように人々を促したという。中世では、「Natura, id est Deus（自然、それは神だ）。自然は、神が打ち立てた法則を『表現』している。西洋諸国では、地球は神が自らの手で執筆した文書だという伝統が受け継がれている」というわけだ。[57]

ピエール・ルジャンドルは次のように記している。「聖書は創造主の神話という抗えない力とともに人々に影響をおよぼし、世界を解読するための手がかりを与えてくれた。（……）西洋をはじめどこでも、われわれは過去の産物である。しかし、西洋では中世以降、そうした過去が、革命間近だと人々に告げる」[58]。世界には始まりと終わりがあるという聖書の時間に関する概念は、時間は循環するという古代の思想家の概念と矛盾する。聖書のこの概念により、神に似せてつくられた人間の役割は高まった。キリスト教によって、西洋はもう一歩踏み込んだのだ。神自身は、神の子である人間に受肉するのだ。リン・ホワイトは、キリスト教を最も人間中心主義的な宗教だと捉えた。聖書のこの概念により、人間は自然と区別され、この区別により、近代科学が可能になった。そしてこの区別が現代の環境危機の原因になるのだという（ホワイトはこの論文を執筆したのは、何と一九六七年である）。

しかし、科学革命の根底にあるのは、本当にキリスト教そのものなのだろうか。たとえば、東方正教会は、西ヨーロッパとは異なる道を歩んだ。デカルト、ガリレイ、ニュートンの概念では、自然は「生き物」でなく、それは人間が動かす機械仕掛けの時計のような存在だった。一方、東方正教会の伝統では、そのような考えは受け入れられなかった。というのは、神は実際にこの世に存在し、「われわれの精神」は神を知覚できるからだ。東方教会の神父によると、神は、人間を物事の究極的な真理に近づけられる超越的な理性をもつ存在だという[59]。

資本主義にとって、科学革命は一七世紀のヨーロッパに備わったほとばしる直感だが、そのように考えるのは、あまり意味がないだろう。ギリシア人はプトレマイオスの天文学をマスターしたが、これを航海術などの実用的な用途に利用できなかった。ギリシア人は天体の動きを理解できたが、投げた石の軌道の計算はできなかった[60]。「ギリシア人とローマ人には、理性に基づいて世界を感覚的に認識しようとしたり、実験的な手法で世界を支配および制御しようとしたりする発想がなかった[61]」。ユーラシア大陸の東端の中国では、ヨーロッパとは比較にならないほど深みのある科学が発展した。ジョゼフ・ニーダムは全七巻からなる分厚い著書[62]において、そのことについて詳細に分析している。ニーダムによると、中国人は、科学をむしろ実用的な問題を解決するために利用したという。アインシュタインの語る純粋理論と実験の思いもよらぬ結合は、ヨーロッパと中国の伝統が連結したおかげによるところが大きいのかもしれない。すなわち、西洋は、理念の世界における信仰という個人の強迫観念をもたらし、東洋は、世の中を技術的に把握するという実用主義をもたらしたのである。

神の望徳から進歩という考えへ

科学革命によって、宇宙の概念は、無限で空っぽな空間だというように一変した。アレクサンドル・コイレは、大著『コスモスの崩壊─閉ざされた世界から無限の宇宙へ[63]』において、科学革命は、人間の精神、少なくともヨーロッパの精神に根源的な革命をもたらしたと述べた。この精神革命は、われわれの思考の基盤および枠組みさえ変化させたという。「ヨーロッパでは、人々の良心が危機に陥ったと語る者や、人々の意識が脱宗教化し、もう一つの世界に対する興味が心配に変わったと語る者が現れた。（……）哲学史の研究家なら、人間が自己の本質的な主観性を見出したと強調しただろう。文学史の研究家なら、あらゆる一貫性が失われた世界に、新たな哲学がもたらした失望や混乱を叙述し、そしてそうした世界では、天は永遠なる神の栄光を訴えなくなったと語ったに違いない」。

偉大な世紀と呼ばれる一七世紀は、疑念と不安に満ちていた。人々は、人間の暮らしから神の望徳が奪われるのなら、そこにはいかなる価値があるのか、と思いをめぐらせた。コイレが触れた一九三五年に出版されたポール・アザールの著書『ヨーロッパ精神の危機一六八〇─一七一五』には、一六八〇年から一七一五年の数十年間に生じた、ヨーロッパ人の精神構造の変化の速さが記してある。[64]「大部分のフランス人は、ボシュエのように考えていた。ところが突然、彼らはヴォルテールのように考えるようになった。一般的に受け入れられていた概念、つまり、神が立証した普遍的な合意概念である奇跡は、疑わしいものになったのだ。人々の間では、神は正体不明で不可知な神々に格下げになり、人間そして人間だけが万物の尺度になった。『新たな哲学』は、義務の考えに基づく文明を、権利の考えに基づく文明に置き換えようとした。つまり、個人の道義心、批判、理性、人間、市民に関する権利に基づく文明だ」。

啓蒙哲学は新たな信条を取り入れ、前世紀につくられた空白に対する回答をもたらした。すなわち、進歩である。進歩は、来るべき贖罪というキリスト教の望徳に取って代わる。啓蒙思想は、人間は辛苦や労苦のない神々に近い存在になるだろうという、古代の文学の主要テーマだった神話の黄金時代の考えを、同じ理想を掲げながらも未来の可能性を訴える形式に変えた。フレデリック・ルヴィロワは次のように述べる。「書物が残っているほとんどの宗教には、過去に人間が追放された天国あるいは自然の庭、つまり黄金時代という考えがある。そうした考えからは、なぜ人々の視線が、過去、また場合によっては新たな始まりという希望に向かうのかがわかる。(……)啓蒙思想が普及し、脱宗教が拡大すると、世界はそれまで夢を見ることさえ憚られた何か違ったものに向かって進行していくという考えに支配されるようになる」[65]。

たとえば、モンテスキューは次のように説いた。原初的な黄金時代から遠ざかった人間は、素朴さと質素さ、潔白さ、自由、自然な平等を失ったが、法と理性は、そうした失われた徳を人間に再び与える。モンテスキューの楽観主義は、次のような断言から明らかになる。「自然状態では、人間は平等に生まれる。だが、人間は平等ではいられない。社会が人間を平等でなくすのだ。そして人間は法によって再び平等になるのだ」。ドイツの詩人ヘルダーリンも同じ考えを述べた。「理想的な状態は二つある。一つは、自然な組織というだけの非常に単純な状態だ。何か理由があってそうした状態にあるのではないにしても、われわれの欲求は自然と満たされる。もう一つは、非常に文化的な状態だ。この状態でも同じ結果が得られる。この状態が成り立つのは、われわれ自身がつくる組織のおかげだ」[66]。

モンテスキューやルソーは、理性的な法や社会契約が恣意的な法に取って代わると考えた。誰もが正当な法律の下にあると全員がわかっているのなら、ヘーゲルのいう「普遍的主体」の和解、つまり他者との間に自己の位置を見つけようとする人間の永遠の探求は達せられる。なぜなら、そうした法律は理性に基づいているからだ。科学によって「自然の支配者ならびに所有者になれる」とするデカルト主義の希望は、人間は自分たちが暮らす社会の支配者ならびに所有者にもなれるという希望に到達する。

しかし、それらの哲学者のなかで、人間が進歩するのは物質的な豊かさによってだと考えた者は誰もいない。ルソーは、著書『エミール』のなかでモンテーニュの考えに同調し、次のように警鐘を鳴らした。「貧困は物資の欠乏にあるのではなく、自分には物資が欠乏していると感じる欲求にある」。アリストテレスがお金に対して懐疑的な態度を示していたように、啓蒙思想は、全体的にみて物質的な進歩という考えに懐疑的だった。一八世紀、金銭欲は、人間を暴力の行使から遠ざけるので善だとみなされることもあったが（モンテスキューの主要な考え）、カルヴァンの宗教改革にかかわらず、金銭欲は相変わらず悪徳とみなされていた。

アダム・スミスを筆頭とする卓越したスコットランドの啓蒙思想家たちも、社会組織の原理として市場を称賛したが、彼らは道徳的な意味で語ったのであって、進歩という考えを金儲けに結びつけようとは思っていなかった。それに絶えざる経済成長という概念はまだ存在しなかった。モンテスキューは、物質的な豊かさは気候風土の影響を受けるとみなした。アダム・スミスは、彼の時代が経済発展の新たな段階に移行することが重要だと考えた。つまり、狩猟採集、放牧、農業を経て、商業の時代へと移行することだ。[67]

実際にスミスは、労働の専門化は労働者の道徳に負の影響をおよぼすのではないかと懸念した。「労働者が自分の仕事を器用にこなすのは、労働者の知的、社会的、軍事的な徳を犠牲にして得られるように思える」[68]。そして道徳の荒廃を避けるために公立学校の普及を推奨した。おそらくスミスは、工業社会は独裁的な農村社会から寛容な商業社会になることではないと感じていたに違いない。そして現実に、ジュネーヴの温和な商人たちが想像していたのとはかけ離れた、商業社会独自の世界が築かれる準備が整っていたのである。

現代社会の始まり

アウグスティヌスは、「世界は老いたり（Mundus senescit）」と語った。彼は、世界は死と人間の復活に備えなければならないと訴えたのだ……[69]。しかし、人間にとっての老いは、月並みにいえば、人生がますます速く過ぎ去ることを意味する。誰もがそれを経験するし、経験するだろう。たとえば、五〇歳代の人物の一年は、一〇歳の子供のものより五倍も速く過ぎる……。そしてそうした心境が世界史から感じられたのだ。歴史の変化するスピードが容赦なく加速したのである。

未来学者レイ・カーツワイルによると、人類史の主要な段階が訪れる間隔は、毎回一〇分の一になったという。（概算で）一〇〇〇万年前のヒト科の動物、一〇〇万年前のホモ・エレクトス、一〇万年前のホモ・サピエンス、一万年前の農業、一〇〇〇年前の印刷術、一〇〇年前の電気、一〇年前のインターネットである。[70] 火、石器、農業など、人類の進歩の大きな段階が拡散するには数千年かかった。印刷術は一〇〇年以上かかり、そして今日、スマートフォンが世界中で利用されるようになったのは一〇年だった。

一八世紀半ばすぎにイギリスで起こった産業革命は、類まれな社会情勢と結びついた比類のない出来事だと、長年にわたって紹介されてきた。ある意味でこうした見方は、西洋人を安心させる。すなわち、資本主義の始まりには、富の蓄積という、柔軟性のあるプロテスタント精神の特異な偏執（？）があったのではないかという考えだ……。だが、現代の経済成長は、時空をまたぐ人類史の長い熟成の産物だと考えるほうが正しい。

ほとんどの文明が産業化しようとする時代では、経済成長のヨーロッパ中心主義という考えは支持できなくなった。今後、時代の変化は世界中で加速する。そして猛スピードで走るこの列車に乗せられた人類は、有限な世界という新たな挑戦に、期せずして直面しなければならなくなった。

第二部

未来だ、未来だ

テクノロジーの特異点が迫りつつある

「一九世紀は、帆船とロウソクで始まり、大西洋横断定期船、電気、自動車、電話で終わった。二〇世紀初頭、多くの女性は出産時に命を落とし、幼児の死亡率は高く、結核は不治の病だった。衛生状態は悪く、住居、労働、教育の環境は、きわめて劣悪だった」。古代文明の専門家アルド・スキアヴォーネがまとめているように、二〇世紀には多くの偉大な発明があった。「ラジオ、レーダー、テレビ、原子力エネルギー、家庭電化製品、トランジスタ、コンピュータ、有人月面着陸、観光旅行の大衆化、デジタルカメラ、高精細度テレビジョン放送、インターネット、テレビゲーム、ウェブ2・0、X線、麻酔、サルファ薬〔化学療法薬〕、アスピリン、抗生物質、経口避妊薬、化学療法、臓器移植、遺伝子操作、ゲノム解読などだ(1)」。

謎の核心は次の通りだ。一七五〇年以前、一人当たりの所得の増加率はほぼゼロだった。一八五〇年、状況は一変した。ローマ人と宋の人々の暮らしに関するイアン・モリスの指数は、四〇から九〇の間を行き来し、彼らは他の文明に自分たちの地位を明け渡した。だが、ヨーロッパ人はこの壁を乗り越えた。一八世紀にはオランダ、一九世紀にはイギリス、二〇世紀にはアメリカが栄華を極めた。それらの時代、経済は成長し続けた。経済成長率は、一八世紀が〇・五%、一九世紀が一%、二〇世紀が二%だった。二一世紀には、二〇世紀の二倍の四%に達するのだろうか。人口増加を分析したクレマーのデータに基づく、経済成長率が継続的に上昇するという仮説は魅力的だ。「内生的成長」の理論家たちは、この仮説を支持する。彼らは、豊かさとその拡大との間に自己触媒的なメカニズムが働くと考える。[2]

マサチューセッツ工科大学の未来学者レイ・カーツワイルは、豊かさの拡大というこの考えを先鋭化させた。今日、時代が変化するスピードは、これまでと同様に加速する。[3]カーツワイルによると、次の段階は、コンピュータがチューリング・テストに合格する二〇二〇年だという。これは、人間が自分の会話の相手〔文字のみでの交信相手〕がコンピュータなのか人間なのかを識別するテストだ。電子回路は、人間の脳の電気化学反応回路より一〇〇万倍も速く作動する。カーツワイルは、テクノロジーの指数関数的な発展により、まもなく完全な人工知能ができると述べる。脳内の全記憶をUSBメモリに収められる日が訪れるというのだ。自分の記憶を「保存」しておき、（おそらく）肉体を替えて自己の意識を回復させる……。[4] 将来、人類のすべての知能は保存可能になる。それがテクノロジーの特異点だ。世界は人間の知能で満たされるのだ。

カーツワイルは、人類は二〇六〇年に大転換を遂げると予測する。ナノテクノロジーにより、「ナノロボット（分子サイズのロボット）」が老化を反転させる。「血液細胞を常に生み出す造血幹細胞や筋幹細胞が存在するのと同様に、神経幹細胞が見つかる。将来的に脳は再生できるだろうし、少なくともわれわれのニューロンの一部は保存できるはずだ」。カーツワイルは、トランスヒューマン時代の到来を告げる。遺伝子研究の専門家でセレラ・ジェノミクス社の創業者クレイグ・ヴェンターもカーツワイルと同じ見通しをもつ。ヴェンターは、「神の真似などしてはならない」と非難されたが、彼なら「真似なんかしていない」と答えただろう。

インターネットを開発したアメリカ国防高等研究計画局（DARPA）は、トランスヒューマン計画に真剣に取り組んだ。DARPAは、酵素とDNA分子からコンピュータをつくるため、「脳インターフェイス計画」に着手した。コンピュータにケイ素を使わないのは、出来上がったコンピュータを自国の兵士の脳内に埋め込むためだという。アメリカ国立科学財団（NSF：フランス国立科学研究センターのアメリカ版に相当する）は、テレパシー・ネットワーク（テレパシーを利用するネットワーク）の構築を目指す計画を支援している。これは二〇二〇年にも利用可能になるとのことだ。また、DARPAは科学コミュニティに挑戦状を叩きつけた（ロボティクス・チャレンジ）。たとえば、自動車の運転、歩道の清掃、階段の歩行、スーツケースの開閉、電球の交換などができるロボットの開発である。

NBIC（ナノテクノロジー、バイオテクノロジー、情報科学、認知科学）は、遺伝病を事前に見つけ、適切な治療を可能にする〔奇跡を起こす〕聖杯探しの旅に乗り出した。ペイパル社〔電子決済サービスを提供する企業〕の創業者ペーター・シールは、財産の一部をNBICに投資した。ビル・ゲイツは、人工臓器の研究に大きな関心を示している（ゲイツは、寛大にも自分の財産のほとんどを財団に寄付した。公衆衛生の分野では、この財団は、世界銀行よりも多額の活動資金をもっている）。

永続する成長

「内生的成長」を提唱する理論家たちは、カーツワイルの説を引用したがる。なぜなら、そうした説は、彼らの経済拡張理論の見事な例証だからだ。(5) ムーアの法則（インテル社の創業者の名前にちなむ）によると、マイクロプロセッサの性能は一八ヵ月ごとに二倍になるという。今やムーアの法則は、人口増加に代わる経済学の基本法則になった。この法則を説明する論文は、一九六五年に『エレクトロニクス・マガジン』誌に掲載された（一九六五年、ムーアは当初、毎年倍増するはずだと語っていた）。カーツワイルはこの法則を想起させる逸話を語った。それは六世紀のインドのグプタ王朝におけるチェスの発明に関するものだ。王は、チェスの発明者に褒美をつかわすと告げた。すると、その男は王に対し、チェス盤の最初の一マス目に一粒、二マス目に二粒、三マス目に四粒というようにコメをいただきたいと願い出た（最後のマス目〔六四番目〕に置かれるコメ粒の数は、$2^{64}-1$ になる。つまり、1.84×10^{19} だ……）。

カーツワイルが示すように、チェス盤のマス目の半分くらいまでは、その男の要求は穏当なものだった。三二マス目では、王は四〇億粒のコメを与えた。これは平均的な田圃の収穫量に相当した……。その直後、王は己の敗北を悟った。破産したのである。どんな権力者であっても、この約束を守れる者はいない。この逸話の別の筋書きでは、チェスの発明者は処刑された。著書『第二の機械時代』(6)のなかで同じ逸話を取り上げた著者ブリニョルフソンとマカフィーは、今度はわれわれ現代人がチェス盤のマス目の後半に差しかかると語る。つまり、われわれは、無限の潜在的な可能性のある世界に突入するのだ。それはインドの王が途中で気づいたよりも甚大な影響をおよぼすのだが、われわれはそのことに気づかないだろうという。

　彼らの長年にわたる調査によると、イノベーションが威力を発揮する準備は整っている。情報革命により、クレジット・カード、交換手なしのコードレス電話、薄型テレビ、アップル社の製品などが生み出された。昨日まで馬の背後で犂を押していた農民は、今日ではGPS搭載のトラクターを動かす。現在、法律事務所は法律文書を調べるためにコンピュータを利用する。パロ・アルト〔カリフォルニア州サンフランシスコ・ベイエリア地域にある都市〕の企業ブラックストーン・ディスカバリー〔調査会社〕は、一〇〇万ドルで月一五〇万本もの法律文書の分析を請け負う。外国語への翻訳も大きな進歩を遂げた。ライオンブリッジ社とIBM社によって開発されたテクノロジーを利用するジオフルーエント社は、外国語への翻訳という複雑な作業を克服したようだ。ジオフルーエント社のサービスの利用者の九〇%は満足しているという。IBM社は、翻訳とはまったく別の分野でもスーパー・コンピュータを用いて人間を打ち負かした。与えられた答えに対する質問を見つけるクイズ番組『ジェパディ！』で人間のチャンピオンに勝ったのである。

　われわれがチェス盤の後半に差し掛かるにつれて、コンピュータはさらに性能を発揮するようになる。ビッグデータに集積されたデータからは、個人の購買履歴やさまざまな嗜好がわかる。今後、プライバシーの保護は、過去の市民権と同じくらい重要になる。

グーグル社は将来のテクノロジーの開発に熱心であるようだ。『ル・モンド』紙はグーグル社の研究を次のようにまとめた。「糖尿病患者の涙に含まれる糖分を計測するコンタクトレンズ、パーキンソン病患者の手の震えを補正するスプーン、がん細胞を追い詰めるナノ粒子など、グーグル社は、パーソナライズされた医療を提供するリーディング企業を目指している。グーグル・ライフ・サイエンシズの実験的組織、グーグルXのリーダーであるアンドリュー・コンラッドによると、未来の医学は、患者のデータを継続的に追跡調査することだという[7]」。『タイム』誌のある号の表紙タイトルは、「グーグルは死を克服できるだろうか」だった。

グーグル・グラスは、「単純な」進歩に触れられる最初の商品だ。この眼鏡を装着すれば、（およそ二・五メートル先に）ヴァーチャルな画面が常時見えるので、メール、ニュース、位置情報が読める。グーグル社は度付レンズのモデルも売り出すという……。グーグル・グラスは、画面を通じて大量の情報を閲覧できる新たなアイデア商品であるだけではない。この眼鏡により、目の前にいる相手の犯罪記録や秘密のデータを検索したり、相手が話すときの感情の動きを読み取ったりすることができるようになる。二〇一〇年一〇月、グーグル社はグーグル・マップやグーグル・ストリート・ビューから入手できる莫大な量のデータを利用して運転手なしのトヨタ・プリウスを、アメリカの公道で二〇万キロメートル以上にわたって支障なく走破させたと発表した。唯一の事故は、青信号なのに急ブレーキを踏んだ自動車に追突したことだった。

「内生的成長理論」の第一人者ポール・ローマーは、自己の楽観論を次のように総括した。「どの世代も、経済成長には限界があると語り、新たなアイデアを受け入れがたいものだと嘆いた。そして誰もがそうしたアイデアの潜在能力を過小評価した。われわれは、アイデアは出尽くしたと何度も思ったが、それは毎回誤りだった。アイデアの生まれる可能性は足し算ではなく、掛け算で増えるのだ」。新たなアイデアはしばしば古いアイデアの組み合わせだとしても、その可能性は無限だ。ローマーは、五二枚のトランプカードの可能な組み合わせは、8.06×10^{67}（数学用語を使うと52の階乗＝52！）通りにもなると述べる。これは銀河系にある原子の数に等しい……。

悲観主義者のロバート・ゴードンでさえ、これまで専門家たちがそれぞれの分野でイノベーションの枯渇を宣言したのは誤りだったと振り返る。たとえば一八七六年、ウエスタンユニオン社〔通信事業者〕のメモには、電話はあまりにも不便なため信頼性の高い通信手段にはならないと記されていた。初のトーキー映画『ジャズ・シンガー』が公開される前年の一九二七年、ワーナー・ブラザース社の社長は、「俳優がしゃべるのを聞きたい人なんて誰もいないだろ」と明言した。一九四三年、ＩＢＭ社の社長は、コンピュータの世界市場は五台までだと見込んでいた。一九八一年、フロッピーディスクの信奉者だったビル・ゲイツは、個人なら六四〇キロオクテットの記憶容量があれば充分と考えていた。今日、廉価なUSBメモリでも一万倍以上の容量がある（現在は、キロオクテットの一〇〇万倍のギガオクテット単位だ）。一九九二年、ビル・クリントンは、各界最高の知性を集めて未来について話し合ったが、そのとき誰もインターネットに言及しなかった。

経済史家のジョエル・モキルも新たなテクノロジーの熱烈な支持者だ。彼によると、デジタル革命では、発明自体が再び発明を生み出すという。「巨大なデータバンク、複雑な化学反応のシミュレーション、超精巧な統計分析手法など、分子遺伝学からナノサイエンスや中世の詩の研究まで、デジタル革命はいたる所で進行中だ。素材は、その特性を決める量子方程式をシミュレーションしながらナノテクノロジーのレベルで開発される……」。モキルは、新たな青銅器時代あるいは鉄器時代の到来だとさえ語る。ウィリアム・パーキンのアニリン染料（紫色の合成）の偶然の発見や、（同じ一八五六年の）ヘンリー・ベッセマーの製鋼法（ベッセマー法）の発明は、職人技によるものとは程遠い。モキルは、今日の観点でみると、ガリレイの天体望遠鏡やパスツールの顕微鏡は、石器時代の代物だと述べる。

「内生的成長」の理論家たちと同様にモキルも、われわれはチェス盤の後半に差し掛かったとみている。

人間の労働はどうなるのか

世界のデジタル化は、満ち潮のように進行し、その過程で人々は職を失い、企業の役割は一変する。この潮はどこまで達するのだろうか。カール・ベネディクトとマイケル・オズボーンは、デジタル化によって雇用の四七%が脅かされるという研究結果を発表し、物議をかもした(8)。この挑発的な研究でターゲットになった職業は、会計士、会計検査官、販売員、不動産仲介業者、秘書、パイロット、経済学者、医療従事者などの準専門職だ。一方、失われる恐れが最も少ない職業は、精神分析学者、歯科医、スポーツ選手、聖職者、作家などだ。幸いなことに、ベネディクトとオズボーンは、コンピュータが小説家になるとはいっていない。なぜなら、人間はこれからも末永く自己のフィクションを自分たち自身で生み出し続けるだろうからだ。

すでに二〇〇四年には、フランク・レヴィとリチャード・マーネンが著書『労働の新たな区分』の中で、人間の労働とコンピュータの作業が将来的に占める割合について問題提起している。彼らの分析は、感覚と運動をうまく調整する作用こそがコンピュータ化されない身体的な活動だという、「モラベックのパラドックス」に基づく。つまり、コンピュータにとって、高度な知能テスト（例：チェスの対局）をこなすのは容易だが、二歳の子供とサッカーをするのはとても難しい。たとえば、われわれが何気なく行なう、食器の縁で生卵を割る作業などは、チェスの対局よりプログラムするのがはるかに難しい。

モラベックによると、このパラドックスは人間の進化の結果ではないかという。感覚と知覚の面での進化は数百万年かけて高度になった一方、数学的な推論の面での進化はつい最近のことだ。だからこそ、それらの作業をコンピュータで再現するのは、はるかに容易だというのだ。コンピュータに対する人間の比較優位は、人間がわれわれの親類であるサルなどの動物に対して自分たちが幼いころに優位をもつ資質にあると思われる。これはなんとも皮肉な話だ。この推論に従うと、人間は、情報科学によって自発性や創造性が必須の仕事に追い立てられる。これは電気の時代や流れ作業が人間を追いやったのとは正反対の方向である。

ベネディクトとオズボーンは、冗談を思いつくコンピュータの能力について（皮肉を込めて?）自問する。コンピュータが洒落た冗談を考え出すには、すでに存在する冗談の膨大なリストと、意味をなさない冗談を除外するアルゴリズムが必要になる。これを今すぐつくるのは無理だろう……。同様に、社会的な知恵や情緒が必要な仕事も、コンピュータ化できる段階にはない。「人間の脳をスキャンしたり、その部位を突き止めたり、数値化したりするのは可能だが、現在のところ、それは理論上の話だ」。ベネディクトとオズボーンは次のように語り、われわれを安心させてくれる。巨大なデータバンクのおかげでコンピュータが非常に多くの非定形型の仕事をこなせるようになるとしても、知覚と操作の組み合わせや、創造的、社会的、情緒的な知性を必要とする仕事は、今のところコンピュータ化から守られている。(9)

失われる中流階級

「モラベックのパラドックス」を熟考したデヴィッド・オゥターは、情報とコミュニケーションのテクノロジーが飛躍するにつれて、なぜ中流階級の勢力が徐々に衰えるのかを示した。(10) 労務管理や中間管理業務などの事務仕事は、コンピュータのほうが人間よりも秀でている。そこでオゥターは、アメリカの雇用を三つに区分した。一つめは、経営者、専門家、上級技術者などの職業群だ。二つめは、社会層の中間に位置する職業群だ。たとえば、現場監督、事務職、熟練工などである。三つめは、おもに対人サービス業や飲食業などの低賃金の職業群だ。

オゥターは次のような結論を下した。一九九九年からサブプライム危機後の大不況に陥る直前の二〇〇七年まで、三つめの職業群は何と二ケタの成長率を記録した。減少したのは二つめの「中間」の職業群だった。その職業群は、一九七〇年には雇用全体の六〇%を占めていたが、二〇一二年には四五%にまで減少した。これはアメリカだけの現象ではない。別の研究によると、二つめの職業群は、一九九三年から二〇一〇年までの間に、フランスでは九%、デンマークとイギリスでは一〇%低下した[11](ドイツでは七%の低下)。サブプライム危機後の大不況時に、成長率が最も低かったのも二つめの職業群だった。国によってはマイナスのところさえあった。以上のことからデヴィッド・オゥターは、過激な分析を提示した。すなわち、需要が低下したのは非技能労働ではなく、中間の職業群だというのだ。中流階級は、産業社会の発展にともなう(官民の双方の)官僚化の過程で発展した。この過程に対する一つの回答が、徹底したコスト削減を実施するデジタル社会だったのだ。

三つめの職業群の雇用が増えているのなら、彼らの賃金も上昇しているのだろうか。ところが、社会的格下げ段階にある中流階級が三つめの職業群の労働市場になだれ込み、供給過多を生み出している。反対に一つめの職業群では、最も裕福な一％の人々の賃金は急増しているが、雇用が増えているわけではない。二つめの職業群の雇用の少なくとも一部が、なぜ賃金の高い一つめの職業群の雇用に格上げにならないのだろうか。

学生たちはいずれ大挙して賃金の高い職に志願するようになるというのが、第一の回答だ。アメリカでは、二つめの職業群の割合が減り、学生たちは労働市場から矛盾したメッセージを受け取り、就職を先延ばしにしたのではないだろうか。だが、この回答に説得力はない。しかし、もう一つの回答がある。それは「勝者総取り方式：winner takes all」である。ポスト工業社会の資本主義における賃金形態は、「トップ」がすべてを手に入れ、二番手以下はゼロという傾向がある。これは一九八〇年代にアメリカではシャーウィン・ローゼン、フランスではフランソワーズ・ベナムが分析した「スター・システム」だ。このシステムは「パヴァロッティ効果」とも呼ばれる。つまり、最高のアーティストのCD以外は売れないということだ。美術館、書籍、スポーツ選手、医師、弁護士、企業経営者などに関して、このような現象は世界中でみられる。情報過多の社会によって評判に基づく経済がつくられ、最高と思われる人物の報酬は、いびつなまでに引き上げられるのだ。実際のメカニズムがどんなものであれ、それがもたらす結果は決定的だ。労働市場の両端では、すさまじい非対称が生じている。一方では、賃金は上昇して雇用は減り、他方では、賃金は下落して雇用は増える。失われるのは中間、つまり中流階級だ。中流階級が体現するとみなされている民主主義の理想は、そうしたことを如実に表している。

失われた経済成長

世界は、過去に電化が進んだように、すべてがデジタル化される傾向にある。しかしながら、われわれの時代のおもなパラドックスは次の通りだ。デジタル革命の成果が経済成長という数値に表れないのだ。先進国の経済成長は後退し続けている。過去三〇年間のヨーロッパの一人当たりの経済成長率は、七〇年代は三%、九〇年代は一・五%、二〇〇一年から二〇一三年までは〇・五%と下落した。[12] 同時期のアメリカの一人当たりの経済成長率についてみると、アメリカ国民の九〇%にとってはゼロだった……。[13]

そうはいっても、テクノロジーの視点からみると、すでに大きな変化があった。企業にコンピュータが導入される以前では、秘書たちは何千ページもの書類をミスなしでタイプするという、今日では完全になくなった仕事をこなしていた。情報データは、パンチカードに記憶されていた。音楽はＬＰレコードで聴いていた。マッチ箱サイズの容器に何千曲もの音楽を保存できると想像した者は誰もいなかったはずだ。手紙は郵送していたため、返事は数日後にしか戻ってこなかった。重要な連絡があるときは、電話機の前で待機していなければならなかった。これらの変化全体を振り返ると、六〇年代は石器時代のように感じられる。だからといって、ＩＢＭ社がパソコンを発売してからの時代は、経済に関して何か特別に素晴らしいことがあったわけではない。先進国で暮らす大半の人々にとって、収入が伸び悩むのは当たり前になった。

経済学者ロバート・ゴードンは、「内生的成長」の理論家たちの経済拡張論に異議を唱えた知的急先鋒だ(14)。ゴードンは、五〇年代と六〇年代のサイエンスフィクションで語られたような急激な変化は何一つ生じなかったではないか、と皮肉を込めて指摘する。自家用飛行機は一般化せず、瞬間移動装置は開発されず、火星に入植したわけでもない……。二〇世紀の数々の類まれなイノベーションと比較すると、今世紀に世の中を揺るがしたのはスマートフォンだけかもしれない。ゴードンにとって、インターネット・バブルは唯一の大きな出来事だったが、その効果はすでに終わった。「生活はますます快適になり、われわれの周りには消費するモノがさらに増えた。だが、物質的な進歩のスピードは、二、三世代前の人々が経験したものより、ゆっくりになった」。

さらにゴードンは、二一世紀には二〇世紀の幸福感をもたらす経済成長は起きないだろうと推察する。たとえば交通を例にして考えると、一九五八年以来、スピードは停滞どころか遅くなったと指摘する。航空機は四〇年前から速くなっていない。燃費と騒音は改善されたが、それは航空機自体が生み出す公害が減っただけのことであり、新たな需要を満たすのとはわけが違うという。(15)

ゴードンによると、社会のコンピュータ化は大きな衝撃を生み出したが、それは一時的なものだという。消費者の立場からみると、大発明は、iPod、iPhone、iPad など、スティーブ・ジョブズという人物の周辺で起きた。それらの製品は小型で美しく遊び心に満ちているが、影響力は過去の発明とは比べものにならない。二つの産業革命による経済成長の潜在力が干上がるには一〇〇年近くかかったが、今回、この情報革命の潜在力はあっという間に枯渇するだろう。ゴードンは次のような挑発的な意見を述べる。われわれの視野からは、二〇世紀の大量消費による経済成長は消えつつあるが、われわれはそのことを認めようとしない。

過去五〇年間、フランスでは消費が急増したが、実際のところ、生活は大して変化しなかった。家計費に娯楽が占める割合は増加した。通信費を含めた娯楽費は、一〇%から一六%になった。しかし、大きく変わったのは、住居費のために食費が減ったことであり、おもな家計費は相変わらず、食費、住居費、被服費、交通費だ。

過去のイノベーションの波によって生じた変革との違いは顕著だ。一八八〇年から一九四〇年にかけて世界の様相は一変した。一八七六年にはグラハム・ベルの電話、一八七九年にはエジソンの白熱電球とカール・ベンツの内燃機関、一八九五年にはリュミエール兄弟の映画が発明され、一九〇一年には〔大西洋を隔てた〕無線通信に成功した。エレベーター、家電製品、エアコンなど、生活に大きな影響を与えた電気を利用するこれらすべての発明品は、少なくともアメリカの都市中心部では一九二九年から存在した。

一八七〇年から一九〇〇年までのわずか三〇年間に下水道が布設され、下水道を利用できる世帯数は一〇倍に増えた。一八九〇年から一九〇〇年までの間に、シカゴ・L〔シカゴのダウンタウンを走る高架鉄道および地下鉄〕とニューヨーク市地下鉄により、都市部の地理は一変した。アメリカでは、自動車の普及により、農村部は僻地でなくなり、都市周辺部の文化がすぐにつくられた。一九四六年、初のテレビ番組が放映された。鉄道、蒸気機関、電信電話、トラクターや化学肥料による農業の生産性向上など、一九世紀のイノベーションによる改良を含めると、それらがヨーロッパ諸国にもたらした変化が、どれほど大きかったのかがわかる。

そうした大変革により、二〇世紀のアメリカ人一人当たりの年間平均所得は二％増加した。ゴードンによると、少なくともアメリカの中流階級の二一世紀の所得増加率は、二〇世紀よりも（かなり）低いだろうという。ゴードンのおもな結論は、「過去四〇年間（一九七二年から二〇一四年まで）の増加率が新たな規準になった」である。現実には、一九七三年からの「ゆっくりした」増加のスピードは、たとえば一九世紀後半から一九二〇年代までの平均スピードに戻ったにすぎない。[16]

新たな反転は期待できるのか。われわれは、『第二の機械時代』の著者たちが告げるように、チェス盤の後半に差し掛かったのではないか。ジョエル・モキルをはじめとするテクノロジーの信奉者たちが唱えるように、科学の進歩は予想できないのか。パスツール〔一八二二年～一八九五年〕は、一八二〇年の顕微鏡の発明がなければ、細菌学の学説を打ち立てられなかっただろう。ウェブが電子メール以外の用途としても利用されるには、グーグルが必要だった。ゴードンはモキルに対し、ジュール・ヴェルヌのような夢想家は将来を見事に予想したと答える。だが、ゴードンは皮肉を込めて、一九〇〇年に出版された『レディース・ホーム・ジャーナル』〔アメリカの主婦向け月刊誌〕には、構想中の発明品として、エアコン、自動車、冷蔵庫などが掲載されていたではないかと指摘する。

ゴードンは、ジュール・ヴェルヌのような未来予想を試みる。よく話題になるのは、医療関連、小型ロボット、3Dプリンター、ビッグデータ、自動運転車などだと指摘する。

公衆衛生の分野では、二一世紀には精神疾患（アルツハイマー型認知症）や感染症（ＨＩＶ）などの対策で進歩が期待される。問題は、それらの進歩を無視するのではなく、社会全体におよぼす潜在的な波及効果を把握することだ。テクノロジー楽観主義者たちは、革命的な出来事が次々に起きる明るい未来像を描くが、すでに生じた革命については口を閉ざす。ゴードンは、過去三〇年と同じ勢いでイノベーションが続々と登場するのなら、それはすばらしいことだが、問題は、それらのイノベーションが経済成長につながらないことだという。

ＧＤＰへの回帰

論議のもう一つの側面はＧＤＰの計測方法に関することだ。デジタル革命の多くの利得は無料で提供されるため、統計に表れない。したがって、われわれは経済成長をうまく計測できないのだ。開発経済学の専門家アンガス・ディートンも、スマートフォン、一〇〇種類近くあるテレビ・チャンネル、二四時間稼働する現金自動預払機（ＡＴＭ）などの恩恵は、うまく評価されていないと説く。[17]ディートンの両親がカナダやオーストラリアに移民するために故郷のスコットランドを離れるとき、彼の両親は、これで親類とは二度と会えないだろうと覚悟したという。今日、交通と通信の革命により、そうした離別はそれほど辛いものではなくなった。

そのような反論に対し、ゴードンは、GDPは常に過小評価されてきたと説く。アメリカの物価指数に自動車が組み入れられたのは一九三五年以降だ。電気、エレベーター、地下鉄、馬に代わる自動車などの都市部の暮らしを大きく変えたこれらすべての大型イノベーションは、GDPにはそれ自体ではなく、設置コストしか表れない。

そうはいっても、統計の問題を超える現代社会の主要な側面がある。ウィキペディアのようなオンライン百科事典、グーグルのデータ集積、フェイスブックを利用するコミュニケーションの楽しみなどは無料だ。インターネットへのアクセスからお金をとろうとするなら、サイトに広告を掲載したり、顧客に関する情報を収集したりして、インターネットの利用者をオールド・エコノミーに向かわせるしかない。

こうした進化は、よいニュースでも悪いニュースでもある。よいニュースとしては、インターネットが提供するサービスは無料であるため、消費者の購買力が奪われないことだ。悪いニュースとしては、インターネットは雇用をほとんど生み出さないことだ。グーグル、フェイスブック、ツイッターの三社を合わせても、今日のどの自動車メーカーよりも雇用者数が少ないのだ。経済学者エドワード・グライザーは、そのような状況を次のように端的に表現する。「あたかもきわめて高い報酬を得る一握りの人々が、貧者が消費する財を無料にするために働いているようだ[18]」。

論議のもう一つの側面は公職に関することだ。ＧＤＰは公務員を人権費で捉える。つまり、病院の医師の社会の豊かさへの貢献度は、医師の給料だけで算定される[19]。労働生産性の計算に、医師の努力による平均寿命の延伸は考慮されない[20]。教師や美術館の警備員に関しても同様だ。このような仕組みは、実際のＧＤＰを過小評価しているとも、逆に、過大評価しているともいわれる……。

しかし、重要な点はそうしたことではない。現代社会の最先端の分野が、これまでの意味における商圏の外にあることだ。つまり、無料が当然のインターネットの世界、あるいは大部分が公共セクターにある教育や医療の世界に関することなのだ。このことは統計手法に関するよりも、政治問題、つまり国家の信頼という問題を提起する。

マルクスからハリウッドへ――機械化と失業

マルサス、ジョン・スチュアート・ミル、マルクスなどの古典的な経済学者の偉大な業績と結びつくゴードンの悲観論は、経済成長が枯渇する「定常状態」の到来を告げた。マルクスは、貧困の人口学であるマルサス学派の説明に納得しなかったが、そこから「賃金率にかかわらず、資本が蓄積されるにしたがって、労働条件は悪化する」という結論を導き出した。マルクスにとって、貧困は社会的な現象であって、生物学的な現象ではない。機械は、資本家が労働者を貧困に閉じ込めておくために利用する道具の一つなのだ。経済学の第一人者デヴィッド・リカードは、機械が労働報酬におよぼす両義性を示すために、一八一七年に出版された著書『経済学および課税の原理』の一章を割いた。

機械に対する恐れは昔からあった。古くは「人民からパンを取り上げたくなかった」ために円柱をつり上げる機械の利用を禁止したと思われるディオクレティアヌス帝から、労働者を脅かすとして織物機械を破壊した一八一一年のラッダイト運動まで、機械に対する恐れはこれまで数多くあった。[21] 二〇世紀後半の経済学者たちは、機械に対する恐れを和らげようとした。経済成長に関する偉大な理論家ロバート・ソローらの経済学者たちは、労働者の生産性は機械によって高まるのだから、労働者は経済成長の成果を享受できると説いた。機械化が推進されたのにもかかわらず、失業率は低かった黄金の三〇年間〔一九四五年から一九七五年までのフランス高度成長期〕は、機械化の潜在的な効用を物語る。

しかしながら、経済成長の理論家の論証は、機械は労働を「補完」するものだという仮説に基づいている。これはきわめて重要な点だ。コーヒーと砂糖の例のように、最終財に二つの財が必要な場合では、あるモノが他のモノを補完するといえる。一方、コーヒーと紅茶の例のように、どちらかを選択する場合では、それらは代替財になる……。モラベックのパラドックスに関する考察からも、技術進歩の性質の変化がわかる。実際に、モラベックのパラドックスは、どちらか一方を選ばなければならないというように、機械が労働者の「代わりに」できることの範囲を定めようとしている。このパラドックスが示すのは、砂糖とコーヒーの補完関係のように、機械が労働者の効率を高めるのではなく、機械は労働者の仕事を代替することだ。

経済学者デヴィッド・オウターは皮肉を込めてそのことを強調する。経済学者へのアンケート調査では、六三％の経済学者は、失業の原因は「オートメーション」にはないと力説するのにもかかわらず、四三％の経済学者は、アメリカにおける賃金停滞の原因は、情報およびコミュニケーションに関する新たなテクノロジーにあると認める（三〇％の経済学者は、そうかもしれないと述べる）。ブリニョルフソンとマカフィーが指摘するように、経済学者たちは「知られたくない真実」を（自分たち自身に）隠している。すなわち、全員が技術進歩の恩恵を受けるという保証などないのだ。

モデルA／B――個人の労働生産性と経済成長

雇用の破壊者としての機械の役割は、しばしば失業の見地から分析される。機械が労働者に取って代わると、労働者は失業してしまう。社会における就労可能な職の数には限界があり、それらの職は機械化によって減る一方だという考えに反論するのは容易だ。[22]技術進歩によって購買力が生まれ、これが新たな雇用を生み出す。アルフレッド・ソーヴィーは、著書『機械と失業』[23]において「労働者の流出」という考えを用いてこの問題をうまく扱っている。労働は、機械化できる部門から機械化できない部門に移行しなければならない。過去の農村部から都市部への移行のように、この移行には、必ず時間がかかると同時に痛みをともなう。今日では、就職するならデジタル化できない「モラベック互換型」でない職に就かなければならないだろう。だが、もし残った職が技術進歩のおよばないものであるなら、はたして経済は成長するのだろうかという疑問が生じる。そうした疑問に答えるために、ここでソーヴィーから着想を得た単純化したモデル分析を行なってみよう。

規模が等しい二つの部門からなる経済があるとしよう。経済の半分を担うA部門では一〇〇人の労働者が働いている。そして同様に経済の半分を担うB部門でも一〇〇人の労働者が働いているとする。今、新たなテクノロジーによってA部門の雇用が完全に破壊された（たとえば、ベネディクトとオズボーンが述べるのと同規模のコンピュータ化の影響による）。A部門で雇用されていた人々は、B部門へ移行しなければならない。よって、B部門は労働者の移行が完了すると倍の規模になる。これは、二〇世紀に工業のために農業が消失したことや、その後のサービス業のために工業の職が失われたことを連想させる。この「労働者の流出」の影響をどう分析すればよいのか。経済成長や所得分配の点からみたそうした経済の特性とは何だろうか。

この例におけるおおよその数値を定めるために、労働者がA部門からB部門へ完全に移行するには五〇年かかるとしよう。たとえば、それは一九八〇年から二〇三〇年までの変化だ。この計画を遂行する期間中、経済活動の半分を担うA部門の労働生産性は向上し続ける。というのはソフトウェアのおかげで、それまで一〇〇人で働いていたのに、最後はたった一人で稼働させられるからだ。この期間中の平均的な労働生産性はどうなっているのか。テクノロジーの導入以前の段階では、A部門とB部門の労働者は、それぞれ一単位のGDPを生産していたとしよう。すると当初のGDPは二〇〇になる。では、五〇年後のGDPはどうなるのか。労働者のいないA部門は、当初と同じ一〇〇を生産し、規模が倍になったB部門は二〇〇を生産する。結局、最初に二〇〇だったGDPは、五〇年後に三〇〇になる。これは五〇%の増加であり、かなりの成長率だ。だが、年率に換算すると〇・八%になり、ゴードンの悲観的なシナリオの数値とほぼ同じだ……。

どうしてこのようなことになるのか。経済の半分では、労働生産性は向上し続けるのに、最終的な経済成長率は平均年率一%にも満たない。このような期待はずれが生じる決定的な要因がある。この例では、効率的になるのはA部門であって、B部門の労働生産性はまったく向上しないと想定した。ソフトウェアは単に人間の代わりをするだけで、移行した労働者の生産性が向上するとは仮定していない。一六世紀にジャン・ボダンは、「唯一の富は人だ」と語った。ようするに、個人の労働生産性が上昇しなければ、大きな経済成長は望めないのである。

デトロイトからハリウッドへ

ウィリアム・ボウモルは、舞台芸術の危機を説明するためにソーヴィーと似たようなモデルを提示した。[24] 一九六〇年代、劇場の俳優、ダンサー、オーケストラの団員は、自分たちよりも生産性が著しく高い文化産業を相手に、激しい競争を強いられた。たとえば、最高の指揮者のレコードが世界中で販売されるようになった。何百万の世帯が無料で観るテレビ映画のように、レコードを量産しても限界費用はごくわずかだ……。この場合、先ほどの例のA部門はハリウッドである。一握りのスターとスタジオの文化製品が、テレビやケーブル・テレビによって、ほぼ無料で家庭に提供される。逆に、舞台芸術、演劇、ダンスなどで活躍する従来のアーティストの生産性はまったく向上しない。『リチャード三世』を舞台で演じる劇団が「王の死をめぐる悲話」を語るための費用は昔も今も変わらない。消費者は、一つは安価、もう一つは高価という二つの代替財を前にして、どちらを選ぶかで思い悩むことはない。

この構図では、演劇の俳優を貧困に追いやるのはハリウッド・スターだ。ハリウッド・スターはテクノロジーの化身であり、彼らは労働者なしで財を生産できるA部門のソフトウェアのような存在だ。一方、演劇の俳優は、テクノロジーなしで財を生産する労働者の化身である……。この例では、資本家は技術進歩を命じるスターだ。一方、プロレタリアは演劇の俳優であり、スターとの競争を強いられて、カフェの店員や教師など、しばしば別の仕事を見つけなければならない……[25]。

こうした状況は、農業から工業への移行とは完全に異なる。一九〇〇年、アメリカの就労人口の四〇%は農業に従事していたが、今日では二%にすぎない。この移行は「労働者の流出」の成功モデルだ。その理由は、さきほどの例のA部門にあたる農民たちは、B部門にあたる工業へ移ったが、舞台芸術の例と異なるのは、B部門の労働生産性が向上期にあったことだ。二〇世紀の革命は、農業の労働生産性が向上すると同時に、工業の高い労働生産性が受け皿になったのだ。

今日、われわれが経験する推移は異なる。(大部分の)労働者は、工業からサービス業へとすでに移行した。モラベックのパラドックスがいうところのコンピュータ化できない職へと移っているのは、サービス業の内部においてだ。では、移行した労働者たちはどうなるのか。たとえば、ピザの配達係などの職のように、彼らの労働生産性が伸び悩むのなら、潜在的な経済成長が著しく低くなるのは明白だ。

モデルA／Bからは、経済成長が遅いだけでなく、潜在的にその所得分配がきわめて不均等になることもわかる。ソフトウェアの開発者がA部門のすべての成果の所有権を保有するのなら、労働者の賃金は上がらない。彼らの生産高は、移行前後とも二〇〇だ。A部門が生み出す価値が企画立案者たちの手中にとどまるのなら、給与所得はまったく増加しない。この場合、A部門の莫大な利益、つまり、ボウモルのモデルにおけるハリウッド・スターの報酬は、GDPの何と三分の一になる（経済全体の富三〇〇のうち、A部門の一〇〇）。彼らが利益の一部、たとえば半分しか自分のものにしないと仮定しても、超富裕層の利得はGDPのおよそ一五％になり、残りの人々の経済成長率は、せいぜい年率〇・四％でしかない。これはまさにアメリカの経済状況ときわめて近い数値だ。

実際に、アメリカは二つの国を一つにした国家だ。一つは、アジア諸国のような成長率を謳歌する国だ。そこでは全人口の一％にあたる最富裕層が暮らし、この三〇年来、彼らの経済成長率はおよそ七％だ……。もう一つの国には残りの九九％が暮らし、彼らの経済成長率は、「ヨーロッパ型」の一～一・五％だ。そして経済が少しでも失速すれば、全人口の九〇％の経済成長率はゼロになる……。(26)

資本――労働者の貧困が資産バブルを生み出す

デジタル・テクノロジーの衝撃により、「資本」という重要な概念を熟考するようになった。この概念は、データを丹念に集めたトマ・ピケティの偉業によって浮き彫りになった[27]。近年、二つの現象が同時に起きている。一つは賃金格差の拡大だ。アメリカでは賃金格差の拡大をめぐって白熱した議論が起きた。もう一つは金融資産の増加であり、これは世界中で確認されている。それら二つの現象に関連があるのは確かだが、どのような因果関係によるものなのか。

そこにはどのようなメカニズムが働いているのか。その解釈は次の通りだ。所得格差の拡大により、新たな富裕層が現れ、彼らは資産を蓄積し、この資本が労働者を破壊する力になる、である。マルクスが分析したメカニズムによると、資本は労働を毀損する。すなわち、購入した機械が労働者を圧迫するのだ。しかしながら、この解釈の問題点は、それほど格差のない国を含めて世界中で資産価値の上昇が観察されることだ。たとえば、アメリカでは人口の一%にあたる最富裕層の所得が所得全体に占める割合は、一九八〇年から二〇一〇年にかけて、七%から二〇%に増えた。だが同時期のフランスの割合は、七%から八％になったにすぎない。所得とは反対に資産に関しては、フランスでは同時期に（対GDP比で）三六〇％から六〇〇％になったが、アメリカの伸び率は三八〇％から四三〇％とかなり限定的だった。この驚くべきパラドックスを、どう理解すればよいのか。

その答えは、資産のおもな構成要素にある。不動産だ。ピケティのデータを拝借した経済学者エティエンヌ・ワスメールらは、[28]資産価格の急騰は、資本それ自体の収益力ではなく、（賃料と比較した）住宅価格の上昇にあると突き止めた。フランスと異なり、アメリカでは不動産バブルがはじけたため、フランスの不動産価値はアメリカよりも高い。それとは逆に、企業に投入された資本は、両国（ほとんどの国）の場合とも対GDP比二〇〇％くらいであり、きわめて安定的な付加価値を生み出している。物的資本〔企業が財やサービスを生産するために使う財〕の価値は、コンピュータ化が推進されても上昇しない。なぜなら、新たなテクノロジーは高価ではないというのがその特性だからだ。

では、コンピュータ化、格差の拡大、資産価値の上昇という三つの現象との間に、つながりはないのか。そうではない。説明の仕方を変えるべきなのだ。資本が労働者を貧しくするのではない。労働者の貧困が資産バブルを生み出すのだ。さまざまな見方によって回り道をしながら、この論証を考え直してみるべきだ。

サマーズの長期停滞論

経済学者ラリー・サマーズ（ハーバード大学教授で元アメリカ財務長官）は、二〇一三年一一月の国際通貨基金（IMF）の会合の際に、「長期停滞」という衝撃的な言葉を発した。これは、サマーズがアメリカの経済学者アルヴィン・ハンセンがアメリカ経済学会の会長に選出された一九三八年に行なった講演のタイトルを拝借したのだ。ハンセンは、アメリカの経済成長の低迷は人口増加率の低下が原因だと述べた。人口が伸び悩むと、世帯の需要が引き起こす波及効果が奪われると考えたのだ。アメリカにケインズの考えを紹介したことで有名なハンセンは、ケインズの学説に基づき、経済不振やデフレの長期化を回避するには、有効需要の精力的な喚起が必要だと説いた。

サマーズの分析の出発点は、ハンセンと同じデフレ、より正確にいえばインフレ消滅のリスクだった。石油ショック後の七〇年代、通貨当局はインフレを非常に恐れた。ところが、インフレは通貨当局のレーダー画面上から突如として消えた。インフレ消失という現象に関する説明はいくつかあるが、最も直接的なのは、インフレによってコンピュータ化が進み、（単純労働の）非正規雇用が増えたため、賃金に大きな下方圧力がかかったという説明だ。インフレが貨幣的な現象であるのは稀で、それは往々にして賃金に関する現象だ。インフレ率が低いと、通貨当局は、経済成長を刺激するために金利を引き下げながら拡張的な金融政策を実行しなければならない。ところが問題は、金利をゼロ以下に引き下げるのは困難であることだ……。だからこそサマーズは、経済は「長期停滞」に戻ったと告げたのだ。これは経済を再び活性化させるはずの金融政策が機能しないことを意味する。

低金利は金融バブルも発生させやすい。住宅の例を思い起こしてみよう。金利が下がると、不動産ローンの費用も低下する。住宅所有者になる人の購買力も、少なくとも当初は増す。そのような状況では、不動産価格は必ず上昇する。金利が一〇%から一%になると、住宅価格は一〇倍に跳ね上がる可能性がある。[29] 同じ論証は、すべての金融資産に当てはまる。たとえば、アメリカの株価指数は一九八〇年以来、一〇倍になった。この増加の三分の一だけが企業収益の増加によって説明がつく。残りの三分の二は、おもに低金利による資産価値の上昇効果によるものだ。

したがって、資産価値の上昇と賃金格差とのつながりは、次のようにまとめられる。ソフトウェアが賃金に下方圧力をかけると、インフレは収まり、金利も低下する。そして勝者は金融資産や不動産になる……。よって、資産価値の上昇を引き起こすのは賃金デフレであって、その逆ではないのだ。また、コンピュータ化の時代の経済成長は常に不安定であり、なぜバブルの発生と崩壊が繰り返されるのかも説明できる。

では、どのような経済政策が必要なのか。資産価値の上昇の主因が不動産であるなら、住宅の供給量を増やすべきであり、これは不動産価格の上昇に歯止めをかける唯一の効果的なメカニズムだ。[30] だが対応を誤れば、サブプライム危機のような問題を引き起こす。アメリカでは、借金してでも不動産バブルに期待するように最貧層を誘導し（これは彼らの賃金不足を補填する意味もあった）、最終的に彼らを破産させたのである。

しかし、不動産だけでなく借入コストの下落は、千載一遇の投資機会をつくり出す。事実、環境保護の領域に莫大な投資需要があるのは明らかだ。[31] 世界レベルの公共的活動が最も必要とされると同時に最も困難なのは、環境保護の領域なのだ。

新たな衝撃——人口転換という「奇跡」

先進国が「長期停滞」と格闘する間、新興国は驚異的な経済成長を謳歌している。九〇年代中ごろ以降の新興国の経済成長率は、フランスが黄金の三〇年間に記録したのに近い年率四％を超えている。世界の経済成長の観点でみると、経済成長の倍増という内生的成長の理論家たちの予言が実現したのである。われわれは人類史における第三のビッグバンに突入したのだ。すなわち、最も人口の多い国々において一人当たりの所得が急増したのである。

途上国の人口爆発は、長い間、発展の妨げだった。この現象がどのくらいのものだったかを示す数値をいくつか掲げる。イスラームの土地エジプトの人口は、一九一三年の一三〇〇万人から今日では七〇〇〇万人になった。二〇二五年には一億人に達するだろう。カトリック教徒の多いブラジルの人口は、一九五〇年の五〇〇〇万人から今日では二億人になった。インドの人口は、二〇世紀初頭の三億人から一〇億人以上へと急増した。

この激震は、世界中で起きた「静かな奇跡」によって収まった。合計特殊出生率（一人の女性が一生に産む子供の平均数）が突如として低下したのである。エジプトの例を再び取り上げると、一九五〇年に七だった合計特殊出生率は、現在では三・四だ。この傾向が続くと、エジプトは二〇二五年ごろに人口転換（合計特殊出生率が二・一を下回り、人口が減少し始める）が起きるだろう。最も人口の多いイスラーム国家インドネシアの人口動態もエジプトと似ている。一九五〇年に五・五だった合計特殊出生率は、現在では二・六になり、人口転換は間近だ。インドの人口推移も同じ傾向にある。同期間にインドの合計特殊出生率は、六から三・三に低下した。国連の人口予測によると、世界全体の人口転換は遅くとも二〇五〇年であり、その後、地球の人口はおそらく容赦なく減少し始めるだろうという。[32]

この人口転換という「奇跡」をどう理解すればよいのか。経済学者たちは、経済成長の見通しが改善された結果、人口転換が生じたと考える。つまり、女性の賃金が増加すると、女性は子供を産む役割にとどまる以外のやりがいを見つけるため、子供の需要が減ると推論するのだ。シカゴ大学のゲーリー・ベッカーによると、次のような好循環が始動するという。[33]子供の数が少なければ、子供たちの面倒見はよくなる。両親は、子供たちを就学させて、彼らがよりよい将来を得られるように準備する。そうなれば経済成長の見通しは明るい。これはすばらしい理論だが、正しいとは思えないし、いずれにせよ不充分だ。人口転換は、物質的な条件がほとんど改善されていない地域でも起きた。女性の就労に関係なく、人口転換は、都市部だけでなく農村部でも確認できる。

一方、国連の人口学者たちの説明は文化的な背景によるものだ。世界中の女性は、テレビを通じて自分たちを魅了する理想像を得た。つまり、それは（テレビで観た）西洋諸国（あるいは日本）の生活様式であり、彼女たちにとって、そうした理想像は自由への渇望になった。ブラジルの連続メロドラマの影響力は、家族計画の実施を阻止した教会よりも強いことが判明したのである。[34] 人口転換が起きる原因は、精神構造の変化であり、金銭的な誘因の変化ではない。

保健衛生の進歩も人口転換に寄与する。[35] 乳幼児の死亡という、長年にわたる日常的な災いは影をひそめた。今日、アフリカのサハラ砂漠以南の地域で暮らす最も恵まれない子供たちでさえ、彼らの五歳までの生存率は一九一八年のイギリスの幼児よりも高い。[36] 死亡率の低下により、子供をなくす心配が減り、合計特殊出生率も低下した。

先進国では、経済成長の失速と格差拡大という二重の苦悩が蔓延しているが、世界全体では、世界経済は力強く成長し、世界格差は縮小するという正反対の動きが確認できる。[37]

この視点からみると、第三世界が豊かになるのは、きわめてよいニュースだ。しかし、残念ながら本質的な点において、そうともいえない。というのは、途上国が豊かになるのは地球環境の保全と相容れないからだ。中国がアメリカの消費形態になると、二〇三〇年までに、中国は、現在の世界の穀物生産量の三分の二を消費することになる。中国の紙の消費量がアメリカと同等になると、中国は三億トンの紙を消費するだろう。そうなれば、世界中の森林が破壊されてしまう。中国の世帯がアメリカのように四人暮らしで三台の自動車を保有するようになれば、道路ネットワークや駐車場などの交通インフラのために必要な面積は、現在の田圃の面積を超える。[38] レスター・ブラウンは次のようにまとめる。「西洋諸国型の経済モデルは、(二〇三〇年に) 一四億五〇〇〇万人になる中国人口には適用できない」。二〇三〇年に人口で中国を追い抜くインドにも適用できないのは言うまでもない。[39]

地球温暖化——文明の危機

一八二七年、フランスのジョセフ・フーリエは、大気は熱をため込むと示した。大気がなければ、地球はもっと寒くなるだろう。実際に、温室のような効果をもたらす温室効果ガス（二酸化炭素、水蒸気、メタン）は、驚くべき特性をもっている。温室のように、太陽光は通すが、太陽光から生じる熱は大気中に閉じ込める。温室効果ガスによる地球温暖化は、地球が工業化した影響が最も懸念される形で現れたものといえよう。

温室効果ガスの濃度の単位はｐｐｍ（パーツ・パー・ミリオン：大気の分子一〇〇万個に占める分子の数）で表される。一八〇〇年に二八五ｐｐｍだったものが、今日では四三五ｐｐｍになった。過去八億年、この濃度は地球周回軌道の傾斜角によって、二〇〇ｐｐｍから三〇〇ｐｐｍの間で変動していた。現在の勢いで推移すると、この濃度は二一世紀末に七五〇ｐｐｍに達するだろう。そうなれば、平均気温は五〇％の確率で産業革命前夜より五℃以上も高くなる。これは三〇〇〇万年以来の数値であり、最後の氷河期の終わりに生じた気温上昇の絶対値と等しい。地球温暖化から生じたわれわれの文明は、さらに五℃の地球温暖化が進行すれば危機に陥るだろう。[40]

科学者たちによると、産業革命以前のレベルと比較して二℃の上昇が限界であり、この閾値を超えると、さまざまな異常が生じる恐れがあるという。すでにその兆候は感じられる。たとえば、海面の上昇、温暖な気候だったため感染症が発生しにくかったアフリカ高原地帯での伝染病の流行、拡大する乾燥化、氷河の縮小加速と洪水発生にともなう飲料水の枯渇などだ。さらには、発生確率は低いが、影響の予想できない出来事が発生する恐れもある。たとえば、メキシコ湾流の流れが変化すれば、ヨーロッパは新たな氷河期を迎えるかもしれない……。

二酸化炭素の排出には別の要因も考えられる。永久凍土が融解すると、土壌から二酸化炭素が放出するかもしれない。海洋の温暖化によっても、現在は海中に閉じ込められている二酸化炭素とメタンが放出する恐れがある。また、陸と海洋の表面が氷で覆われている雪氷圏のケースも考えられる。グリーンランドの氷河の塊が溶けると、海面は五メートルも上昇するだろう。

平均気温五℃の上昇が意味するのは、地域によっては一〇℃以上も上昇するところがあるということだ。南ヨーロッパの気候は、今日のサハラ砂漠南部と変わらなくなるかもしれない。二一〇〇年のニューヨークの平均気温は七℃上昇し、二〇〇〇年から二〇一〇年までの期間と比較して、熱波に襲われる回数が倍増することも考えられる。[41]

アントロポセン（人類の時代）

一九九五年にノーベル化学賞を受賞したパウル・クルッツェンは、われわれの時代を表す言葉としてアントロポセンという造語を考案した。アントロポセンは、およそ一万年前から現在までを指す完新世とは異なる。クルッツェンは三人の共同論文の中で、現在進行中の変化の驚くべき概観を提示した。[42] 最初に彼らは、自然の変化をより一層加速させることを意味する「アントロポセン」について詳述する。すなわち、人類の環境破壊は二世紀前に始まったのではなく、農業の発明時に始まったのでさえない。アメリカ大陸に移住した最初のホモ・サピエンスは環境を破壊した。たとえば、彼らは哺乳動物をほぼ絶滅させた（アンデス地方に生息するリャマは除く）。（完新世の前の）更新世の時代には、大型動物、ユーラシア大陸北部のマンモス、オーストラリアの大型有袋類が絶滅した。一六万年前に犬の家畜化が始まり、その後、羊、ヤギと続くと、農業が発明された。最初は森林を燃やす焼畑農業だったが、灌漑が導入され、「自然」は激変した。

そうはいっても、産業革命以前に人類が環境に与える衝撃は、限定的かつ地域的だった。地質学上の観点からみた決定的な急変は、工業化によって始まった。工業化以前では、人類は自分たちのエネルギー需要を賄うために、おもに再生可能エネルギーだけに依存していた（風力、水力、植物や動物を利用するエネルギー）。石炭、次に石油（および天然ガス）という二つの要因がなければ、第一次そして第二次の産業革命はなかっただろう。工業社会のエネルギー需要は、農業社会と比較して四倍から五倍に増加した。農業社会自体のエネルギー需要も、狩猟採集社会の三倍から四倍に増加した。エネルギー資源の確保により、今日では一〇億人の人々が、昔であれば王やその取り巻きだけが享受できた生活レベルで暮らしている。世界人口は一八〇〇年から二〇一〇年にかけて七倍になり、エネルギー需要は四〇倍になった(43)。

一致団結した行動という論理――新たな枠組みづくりが急務

科学の時代になり、人々は思慮深く論議するようになったのだろうか。たとえば、スプレー缶に使われていたフロンガスが原因でオゾン層が破壊される恐れがあったとき、国際的な取り決めが採択された。同様に、喫煙の発癌リスクが繰り返し証明され、喫煙率はついに減少した。またしてもクルッツェンの説に従えば、われわれは自覚の時代ともいえる第三の時代に入ったのだ(時代の変化する間隔がはじめて変化して、その間隔が加速的に短くなる時代)。だが、われわれは充分に自覚的になるのだろうか。

「いつも通り」の支持者は、地球温暖化はさほど深刻な出来事でないと説く。そういう意見を述べる者たちのなかには、地球温暖化の脅威にさらされる地域の人々は都市部に移住すればよいのであって、地球温暖化は自然の成り行きに任せるだけで解決するという、冷めた見解を示す者さえいる……。問題は、そのような態度が不可逆的なリスクを生み出すことだ。予想される気候変動が実際に起きたら、後戻りするのは不可能だろう。クルッツェンは次のような結論を述べた。「人類が『いつも通り』がうまくいかないと実感する、つまり現代社会が崩壊するときに、人類は変化をまったく制御できなくなるという結末を迎えるかもしれない」。

経済成長と環境破壊を「切り離す」のは可能だろうか。もちろん相対的な観点での話だが、経済成長に占める二酸化炭素の含有量は減らせる（減り始めた）。だが、今日にいたるまで（一〇年単位でみた）二酸化炭素の絶対的な排出量の増加は止まっていない。地球の平均気温の上昇を（産業革命以前のレベルと比較して）二℃以内に抑える目標を達成するには、今から二〇五〇年までに排出量を五〇〇億トンから二〇〇億トンに削減しなければならない。これは二・五倍の減少を意味する。二〇五〇年までに生産高が三倍になるなら（言い換えると、世界のGDPが年率三％で増加すると）、生産に含まれる二酸化炭素の排出量を七・五倍削減しなければならない。この目標を達成できるような技術は存在しないだろう。『成長なき繁栄――地球生態系内での持続的繁栄のために』の著者ティム・ジャクソンの白けた結論のように、「露骨にいえば、九〇億人が暮らす世界において、社会的に正しく、環境面において持続性のある、所得が恒常的に増えるシナリオなど存在しない」のである。[44]

経済学の理論だけに基づくと、二酸化炭素の排出量を減らすための解決策は単純だ。すなわち、国連が温室効果ガス排出権取引の世界市場を「創設するだけでよい」のだ。そうなれば、あらかじめ決めた量の排出権をもつ各国は、自国の都合に応じてこの排出権を市場価格で取引できるようになる。京都で行なわれた地球温暖化防止会議の直後に、ヨーロッパで採択されたのがこの仕組みだ。だが現在、この手法は政治的に実現不可能である。[45]

社会が将来を考える能力は、驚くほど低い。予想が難しい長期的な目標のために費用をすぐに負担しなければならない場合、一致団結した行動をとるのはきわめて困難だ。人類史を振り返ると、「行き詰まった歴史」ともいえる後戻りした文明は、これまでにいくつもあった。たとえば、ローマ帝国崩壊後のヨーロッパ、労働者の心身の状態が損なわれた初期の工業資本主義、さらには最初の国家の拠点だったメソポタミアなどのジャレド・ダイアモンドが言及する文明崩壊などだ。[46]マンサー・オルソンが示したように、問題は、最も重要な変化は戦後あるいは大きな危機の後に起きるのがほとんどであることだ。平和な時代だからこそ、できることなら危機が発生する前に、われわれは新たな枠組みをつくり出さなければならないのである。[47]

現在の世界状況からすると、地球温暖化の被告人として人類が裁判所に召喚されると考えるのは時期尚早だ。地球の危機を訴えるだけで、ほとんどの人類が一致団結して行動するとは考えにくい。それは心配事のある人や意気消沈した人に禁煙するように要求するようなものだ。すでに数々の大きな悩み事を経験してきた現代社会が、地球規模の目標に対して突如行動を起こすとは思えない。経済成長の枯渇を心配する先進国社会には、経済成長を失速させる恐れのある措置を講じる意欲はほとんどない。新興国は、これまで先進国が物質文明の恩恵をふんだんに享受してきた様子を蚊帳の外から眺めてきたため、物質文明が自分たちから奪われることに納得しないだろう。環境危機に対処しうる道徳的および政治的な方策を見つけるには、すべての社会の間で、共通の未来を構築するのだという信頼関係を（再び）築くことが、確固たる前提条件になる。はたしてそのようになるのだろうか。

第三部

進歩を再考する

〝新たな〟大転換

「われわれの社会は、七〇年代から『大転換』した。明るい未来という希望が失われたのである。そのようにいうのは月並みだが、社会のありさまに関する現代の考察を司るそうした考えを理解する必要がある。社会は根本的に変化したのだ」。『変化とその思想』(1)の編者である社会学者ロベール・カステルのこの簡潔な言葉は、現在の状況を的確に表現している。六〇年代には社会は理想を実現するという考えが流布したが、カステルの言葉からは、そうした考えが失われたのがわかる。つまり、進歩という理想がなくなったのである。(2)

フランスをはじめとするほとんどの先進国で危機に瀕しているのは、おもに大衆層だ。もっとも、すでに四〇年も続いているので、危機とは呼べないかもしれない。彼らは明るい未来という希望を奪われた。カステルは次のように付け加える。「六〇年代、労働者階級は勝利を収めた。彼らは社会的な変化に関する計画を具体化し、その道筋を示した。現在はすでにそうした情勢にはない。彼らは社会批判において求心力を発揮したが、それを完全に失ったのである。（……）労働者階級について語るのは、革命的な変化さらには社会的な進歩の可能性を提起することではなくなった……。それはむしろ失業の深刻さや不安定な雇用の拡大に関する話題になった……」。雇用が不安定なのは今に始まったことではなく、それは工業化資本主義の黎明期の特徴だった。[3] しかし新たな出来事として、不安定な雇用が本来であればそれと戦うはずの福祉国家の内部にあからさまに存在するようになったことだ。

そうはいっても、大衆層は右派ならびに左派という従来の政党を支持しなくなり、不満を募らせた。フランスでは、過去三〇年の潜在的危機に耐えた右派と左派の二大政党は衰退し、従来のやり方による民主主義の実現は難しくなった。ブルーノ・アマーブルは「政治システムの危機」だとさえ語る。有権者の投票行動に関するヨーロッパの比較研究からは、最も投票率の高いのは中間層ではなく最貧層だとわかる。これは、政治科学が説く中間層の有権者が多数派を形成および解体するという選挙モデルに反する。与党である政党の選挙基盤は、これまで中間層および上流階級に限られていた。危機によって民主主義に対する人々の不満も高まっているのだ。

控えめにいっても、ポスト工業社会は方向性を見失いつつある。農村社会の消滅よりも目につきにくい工場の世界からの脱却により、重大かつ深刻な急変が起きた。フォーディズムと大量消費の工業社会は、安心できる仕組みをつくるのが遅れた。これからやって来る社会に対し、われわれは正義にかなった円満な解決法を、少なくとも提示できるのだろうか。

全体主義と個人主義

農業革命以前の狩猟採集民の時代は平等社会だったが、農業により、王、領主、分益小作人、農民という序列社会が誕生した。そして工業社会の出現とともに、新たな変化が生じた。この変化をどう解釈すればよいのか。人類学者ルイ・デュモンは、ありきたりな比較だが、現代社会の個人主義を伝統的社会の「全体主義」と対比させた。社会の実力者がその他大勢の人々の行動に指示を出すのが全体主義だ。これとは逆に、各自の欲求や行動から演繹されるのが個人主義だ。社会秩序の厳正な遵守が決定的な社会では、人々が称賛せずにはいられない『イーリアス』の主人公たちのように、個人が曲がりくねった悪路を自力で歩まなければならなかった。だが今日、誰もが自分たちの暮らしを最優先することの多い世の中では、社会的つながりは希薄になる。

ルース・ベネディクトは、デュモンの理論を明快にしながら日本社会の「全体主義」的な特徴を叙述した。ベネディクトの本はアメリカ軍の注文に応じて執筆された[4]。というのは、アメリカは日本という得体のしれない敵の心理を把握したかったからだ。ベネディクトは調査を終えると、『菊と刀』を出版した[5]。この本は、生け花を楽しむ繊細な心がある一方で戦時中の数々の残虐さが存在するという、一見すると相容れない日本社会の二つの側面の根本原因をわかりやすく説明している。この本は日本人読者の間で、トクヴィルの本がアメリカで出版されたときと似たような関心を呼び起こした。日本人読者は、外国人によって書かれたこの本の中に、自分たちの社会に浸透する驚くべき叙述を目の当たりにした。

日本は、「些細な振る舞いにまで決まりがあり、身分が固定された社会」と紹介された。男女は、とくに自分たちの家族や社会全体に対する借りを返すためにこの世に生まれる。この返済義務を少しでも怠り、これを償うことができなければ、身の破滅か自殺にいたる罰に処される。道徳、美意識、名誉に関する過ちは、個人を耐え難い孤独に追いつめる。そうした個人は自らの命を絶つしかない。このようにしてルース・ベネディクトは、自己の義務を怠るのを一切許さない社会で暮らす日本人が、なぜ重圧と怒りの間で心が揺れ動くのかを説明した。

日本社会は、ルイ・デュモンのいう全体主義的な価値観の原型例だ。しかしながら、デュモンは、現代の個人主義のために全体主義的な価値観を完全に捨て去るべきではないという。なぜなら、個人主義だけでは息苦しい社会になるからだ。これがデュモンの分析の最も鋭敏なところだ。私益が横行するなかでの序列社会から個人主義社会への移行は、全体主義的な信頼関係が維持されない限り不可能である。デュモンは、一九九一年に出版した著書『ドイツ・イデオロギー』のなかで「個人主義はわれわれの基本的な価値であり、それは今後もかわらないだろう。だが、個人主義がまるで一枚岩のようにいたる所で支配的になると考えるのは大きな誤りだろう。個人主義は、それが誕生したときから、その輪郭には、いくぶん反対の観念、価値観、体制が組み合わさっていた。(……) 個人主義が社会全体を支配するのは無理なのだ。個人主義は、全体主義が人々の暮らしに目につかない形でひそかに寄与しなければ決して機能しないのである」[6]。

ホモ・イコリス(平等な人間)

今日、個人主義が強まる現代社会において、われわれはどうすれば社会的つながりを維持できるのか。この疑問は現代人を悩ませ続けてきたが、真剣に考えるようになったのはつい最近になってからだ。農村社会から工業社会への移行によって、農村社会の経済組織は激変したが、社会学的な変化のスピードは、それよりもかなりゆっくりだった。ルイ・デュモンは、彼のいうホモ・ヒエラルキクス〔序列に基づく人間〕からホモ・イコリス〔平等な人間〕への移行を、バーナード・マンデヴィル、フランソワ・ケネー、アダム・スミスなどの一八世紀に登場した経済分析の思想家が語った物語のなかに見出した。工業社会には、社会的現実、そして家庭や工場などに、過去の世界の特徴が明確に残っていたのである。

社会学者ロナルド・イングルハートは、この論議を彼なりのやり方で取り上げ、現代社会の個人主義の革新性を理解するための一覧表を作成した。イングルハートは、二段階の区分を提唱した。第一段階は、農村社会から工業社会への移行であり、第二段階は、工業社会からポスト工業社会への移行だ。第一段階の急変の特徴は、宗教秩序から世俗秩序への移行だった。人々は、それまで信じていた神に代わって理性を信じるようになった。司祭に代わって技術者が登場したのである。しかしながら、この第一段階では、社会の秩序概念に変化はなかった。企業の社長は、技術者や現場監督を経由して労働者に指示を出すというように、命令系統は、王が領主や農民に命令を下すのと同様に厳格だった。宗教者だった権力者は俗人に交代した。この最初の転換により、社会のおもなまとめ役は、魔術や信仰に代わって理性になった。これがマックス・ヴェーバーのいう「脱魔術化された社会」である。

　イングルハートによると、個人主義の社会が登場するのは、工業社会からの脱却をともなう第二段階になってからだという。新たな体制では、自己表現は社会をつくり出す要素になった。「自己表現は、個人の才能の開花を中心に据える新たな人間社会を生み出す」。「近代化」の第一波は、矛盾することなくファシズムやナチズムになった。ヒトラーはフォードに魅了され、フォードもヒトラーに惹かれた。この第一波は、難なく全体主義の枠組みに収まった。イングルハートによると、個人が解放される社会の出現を促したのは、ポスト工業社会という第二波だという。

　ダニエル・ベルは、一九七六年に出版した『資本主義の文化的矛盾』において、似たような用語を使ってこの移行を分析し、工業社会の両義性に関する鋭い分析を提示した。生産世界の階級格差は、生産世界が生み出す消費社会と対照をなした。ベルは、「昼は真面目に、夜は自由奔放」でなければならないと説明した。ちなみに、アンリ・ウェベール〔フランスの政治家〕は、これを「昼は堅気、夜は道楽者」と解釈した。この矛盾こそ、二つの世界の間に位置するハイブリッド社会の特徴だった(7)。

レミー・パウィンはフランスの幸福感に関する著書[8]のなかで、戦後、そのような新たな考えをもつようになったフランスの労働者およびエリート層の心理的な障害を示した。ほとんどが共産主義者だった労働者たちの幸福感は、「プチ・ブルジョワ」の理想と似たようなものになったため、労働者たちは革命から遠ざかった。エリートたちも、消費社会は「動物的な快楽の渇望であり、人間の尊厳という崇高な考えに反する」として消費社会を蔑んだ。共産主義の労働者とカトリックのエリート層の拒絶にもかかわらず、六〇年代には激変が起きた。消費社会は人々の意識に次第に浸透した。この変化では、人々が一日の終わりにくつろぎながら観るテレビがきわめて重要な役割を担った。アメリカの社会学者ロバート・パットナムによると、本格的な個人主義が社会に根づいたのはテレビを介してだという……。

一九六八年五月（五月革命）とその敵たち

「六八年五月」はこの激変のクライマックスだった。大学、工場、家庭など、秩序社会に対する攻撃がいたるところで始まった。「六八年五月」は階級に基づく権威に対して抗議した。こうした動きはすべての先進国に共通していた。アンリ・ウェベールは次のように述べる。「『六八年五月』はフランスだけの出来事ではない。その規模や現実は瞬く間に世界中に広がった。アメリカ、西側ヨーロッパ諸国、日本では、同じ一つの社会運動が繰り広げられた。同じ原動力、同じイデオロギー、同じスローガン、同じ行動だった」。リュック・ボルタンスキーとエヴ・シャペロは、「六八年五月」によって、芸術家の批判と資本主義に対する社会的な批判が遭遇したと表現する。(9) 自分たちの時代のブルジョワの体制主義と決別した一九世紀の「呪われた詩人たち」は、「六八年五月」に開花するカウンター・カルチャー〔既存の体制的な文化に対抗する文化〕の基盤をつくった。「六八年五月」の新たな点は、こうした芸術家の反抗が資本主義の社会的な批判と共鳴したことだ。それはプロレタリアートが階級のない社会という、進歩的な理想を抱くためだった。

今から振り返ると、「六八年五月」は、この革命が最高潮に達し、衰退し始める瞬間だった。八〇年代は転換期であり、保守革命の準備が整った。「六八年五月」に対する反論の声は次第に高まった。セルジュ・オディエが示すように、(10) 保守革命に反対する者たちは、ほとんどいつも「禁じることを禁じる」という、「六八年五月」の過激な個人主義を象徴する有名な文句を唱えた。「過激な個人主義を批判する人々は、『時間を無駄にせずに生き、束縛なく楽しむ』は、生産過程に新たな影響をおよぼすと考えた。すなわち、労働から無駄な時間が排除され、広告が影響力をもつようになると予想したのである」。たとえば、リチャード・セネットやクリストファー・ラッシュから着想を得たジル・リポヴェツキーは、「六八年五月」の反体制主義的なやり方は、実際には新たな体制主義だと指摘した。つまり、存続するために「常に新しさを必要とする」商業社会という体制主義だと批判したのである。

したがって、それらの著者によると、現代社会の最も狭量で非社会的な個人主義は、六〇年代の産物だという。集団的な古い体制主義は、「六八年五月」の革命と結びつく新たな体制主義に地位を明け渡した。たとえば、流行歌の分析からは、「私〔Je〕」や「自己〔Moi〕」という単語の利用が増えたことがわかる。

八〇年代の保守主義者たちは、二段階に分けて論理を構築し、そうした個人主義への批判を展開した。まず、彼らは国民を幼稚化させるとして福祉国家の欠点を並べ立てた。そして無駄な支援、労働価値の喪失、家族のつながりの希薄化を糾弾するために、左派に対抗する経済リベラリズムと結託した。しかし、そのように批判した後、彼らは国と家族の立場からリベラリズムを攻撃した。左派に反対する人々のリベラルなイデオロギーにも一理あるが、リベラルなイデオロギーは無分別だと述べたのである。

反六八年思想の台頭、そして家族、労働、祖国などに関する従来の価値観の巻き返しは、凄まじい勢いで広がった。もちろん、こうした時代の転換は、それまでにも何度もあったため、驚きではないかもしれない。革命と反革命によって刻まれる歴史の歩みは、スタール夫人〔フランスの批評家、小説家〕が語ったように、一直線ではなく螺旋状に進む。保守主義者の反革命は、ゆっくりと時間をかけて「六八年五月」から脱する過程での小休止と解釈できるかもしれない。そうはいっても、反六八年思想は、不可避な知的反動というだけではなく、いずれ失業が増え、雇用が不安定になるのではないかという失望感も表していた。ポスト物質主義者という第二の近代性に対する期待は、嫌悪していた工業社会へのノスタルジーを喚起し、より厳しい現実によって打ちのめされることになったのだ。

自主独立とサバイバル

現代の個人主義は、「六八年五月」に新たな息吹をもたらしたが、そのときに発明されたのではない。知的な観点でみると、現代の個人主義の源泉は、ルネサンスの人文主義にあり、啓蒙思想の哲学とともに復活したのだ。啓蒙思想の哲学は、基本価値として自主独立を据えた。ツヴェタン・トドロフが指摘するように、自主独立は自給自足を意味するのではない。[11] そのような理由からルソーは、「われわれの真の自我は、すべてわれわれの中にあるわけではない」と語ったのだ。啓蒙思想の道徳は、主観的でなく相互主観的なのだ。啓蒙思想の道徳は、「本質的に利己的な愛からではなく、人類に対する敬意から生じる」。善悪の原則は生得的ではないが、コンセンサスの対象にしなければならない。われわれはそうしたコンセンサスを、人類の普遍的な特性にも基づく理性的な議論を交わしながらつくり上げるのだ。

啓蒙思想が約束する解放が意味するのは、いかなるドグマであっても神聖とみなさないことだ。「自分自身の判断基準に従って」行動するのがよき市民である。それまで人間の暮らしの方向性を決めたのは権威だったが、今後は人間の未来の計画が決める。ルソーにとって完全化の可能性は、世の中を改善するという、よりよい状態にする人間本来の能力を意味する。しかしルソーは、それらの結果は保証されないし、不可逆的でもないと即座に付言した。なぜなら、「善と悪は、同じ源から生じる」からだ。

これらの「現代的な」考えは、産業革命がまだ始まらない時代に誕生した。その火蓋を切って落としたのは一一世紀から一三世紀の都市革命であり、この都市革命は教会と国という従来の権力から解放された聖職者と商人の集団を生み出した。[12] 近代史を読み解くのを難しくするパラドックスは、工業社会がルネサンス期のヨーロッパのこの人文主義の跳躍を打ち砕いたことにある。[13] 世俗の秩序が宗教の秩序に取って代わったが、一九世紀から二〇世紀のほとんどの期間、工場の実態は、解放の場とは程遠かった……。イングルハートは、ジャン・フーラスティエの見解を支持し、この打ち砕かれた歴史の流れを回復させるには、ポスト工業社会への移行という第二の急変を待たなければならないと述べた。

イングルハートによると、自主独立という新たな理想を生み出すのは、工業社会からの脱却だという。教育が普及し、誰もが独自の考えをもてるようになった。福祉国家のおかげで親子間の物質的な依存関係は断ち切られた。必要な共同体は「親和力」〔ゲーテの長編小説〕になった。ポスト物質主義的な精神性が登場したのは、この枠組みにおいてだ。ポストモダンの条件は、「人生の意義（meaning of life）」の追求になった。物質主義は影をひそめ、教育、都市化、民主化が、男女の支配関係を一変させる。イングルハートは、あらゆる観点からみて、われわれの社会は寛容で自主独立の社会になると考えた。ポスト工業社会では、それまでの社会に痕跡をとどめる強迫観念、つまり、経済的にサバイバルしなければならないという考えから人々は解放される。一人当たりの所得が一〇倍になれば、人間が自身の人生を熟考するときの表現はがらりと変わるはずだと予想したのである。

同性愛は罪ですか

イングルハートは一般的な説を主張しただけでなく、人々の意識の変化を調査するために、自身も実行委員を務めた大規模な社会学プロジェクト「世界価値観調査」の結果に基づき、細かな検証を行なった。彼はいくつかある質問から二つの基軸をつくった。一つめの基軸は、従来の（宗教的な）価値観と世俗的な（脱宗教的な）価値観との対立の区分だ。

二つめの基軸は、安全性の追求と自己表現の追求の識別だ。「サバイバルあるいは自己表現」というイングルハートの類型学は、デュモンの提唱した類型や、同化と自主独立を切り分ける社会学者シャローム・シュワルツの類型ときわめて近い。

一つめの基軸は、次のような質問に相当する。「神を信じますか。大家族を望みますか。離婚を正当化できますか」。これらの質問により、宗教的な価値観と世俗的な価値観を区分できる。二つめの基軸は、次のような質問に相当する。「同性愛は罪ですか。報酬のよい仕事よりも、やりがいのある仕事のほうが重要ですか」。これは、不確かで心配事の多い世の中では、人々は社会的に安定した体制（家族や当局）に身を置いて安心したいという思いを明らかにする。信頼度の高い世の中では、不安は遠ざかり、人々はより寛容になり、自己表現、つまり自主独立をさらに熱望する。たとえば、同性愛を尊重するのは、圧倒的にポスト物質主義的な価値観をもち出す人々である。[14] また、男女平等に対する態度も、自己表現を示す価値観と完全に相関する指標だ。

世俗の価値観と自主独立の価値観を同時に高く評価する国としては、スウェーデン、ノルウェー、デンマークが挙げられる。逆に、宗教色と階級意識が強い国としては、ジンバブエ、モロッコ、ヨルダンが挙げられる。旧共産主義国のグループ（中国、ブルガリア、ロシアなど）は、世俗化レベルはきわめて高いが、自主独立のレベルはかなり低い（ロシアの場合、ジンバブエよりもさらに低い）。マイナス2からプラス2のレベル評価において、フランスは、自主独立はプラス1、世俗化はプラス0・5だ。ちなみに、スウェーデンは双方とも1・5だ。日本のケースは興味深い。日本は、世俗化の価値観は非常に高く、中国やスウェーデンよりも抜きん出るが、自己表現はフランスやイタリアと並び、中位でしかない。

イングルハートは、経済がどのように社会を形成するかを分析して、世俗的な価値観の表現と（農業の地位に対する）工業の地位との間には、明らかな相関関係があることを示した。この分析では、サービス業は説明的な役割をまったくもたなかった。反対に、（工業の割合と比較した）サービス業の割合は、不安に束縛される価値観から自己表現の価値観への移行を説明する強力な要因だった。啓蒙思想以来の西洋哲学の鍵となる領域である自主独立は、（ついに）経済的価値になったのだ。独創性は権威との比較で評価された。このようにして、データからは次のような明確な図式が現れた。すなわち、社会は工業社会によって世俗化されたが、根本的に階級的な秩序は維持され、第二段階の「自己表現」社会の出現を促したのはサービス業だったということだ。

経済と社会

当然ながら、これらの近代化の理論によって、文化的な要因が消し去られることはなかった。経済学的なデータだけでは各種変化の半分しか説明ができず、残りの半分は文化的な領域に属することによって説明がつく。たとえば、社会は次第に世俗化するという仮説の例外がアメリカなのはよく知られている。アメリカは同じ経済学的な特徴をもつ国より、はるかに宗教色の強い国だ。正確な様相を描き出すには、英語圏の国と大半の国民がプロテスタントの国とを区分しなければならない。ラテンアメリカ諸国では、宗教の影響力が強い。逆に、儒教の伝統のある社会は、そうでない社会よりもはるかに世俗的だ。

カトリックの伝統をもつ国は、プロテスタントの国より自己表現力が弱い。カトリックの国で信頼度が低いのは、教会のような服従に適した縦構造が、人々の信頼関係である横のつながりを弱めるからだ。それとは反対に、儒教の伝統では、信頼関係を構築できる余地が大きい。この点、フランスと中国は対照的だ。先進国のなかでフランスは最も信頼度の低い国（ロシアと同じレベル）であり、中国は最も信頼度の高い国だ（フィンランドと同じレベルであり、日本より高い）。

しかしながら、どんな国においても、宗教に関係する価値観の違いは無視できる。たとえば、ドイツのカトリック教徒は、他のヨーロッパ諸国のカトリック教徒よりも自国のプロテスタント教徒に近い。同様に、エストニアやラトビアなどの旧ソビエト連邦諸国はプロテスタントの国だが、人々の間の信頼度は最も低い部類に属する。こうした結果は、重要なのは信仰の性質そのものよりも、信仰が集団のアイデンティティをつくり出す方法であることを示唆する。ようするに、宗教は国に溶け込むのだ。

神話と恨み――物質的な富から解放されない人間

ポスト工業社会になれば「サバイバル」の問題は解決され、自己表現に集中できるはずだという考えは誤りだった。繁栄した社会では、自己の社会的地位の喪失ともいえる失業に怯えて暮らすこともありうる。経済的不安に常に悩まされる恐れがあるのだ。ケインズは、人々が芸術や形而上学の問題に没頭できる豊潤な社会が到来すると予言した。ポスト物質主義社会の到来を告げたイングルハートは、ケインズのこの誤った論証を繰り返した。現実は一世紀前と同様に、富に対する心配は消えなかった。

どうして人間は、富によって物質的な問題から解放されないのか。その回答は、二つのレベルに切り分けられる。もちろん、それら二つの答えは、根本的な部分で密接に絡み合っている。一つめは個人に関することだ。幸福は個人の抱く願望によって変化する。もう一つは社会組織に関することだ。社会では、悪いことはさらに悪く感じられる。

個人の抱く願望によって幸福に対する思いが変化するという、最初の答えを分析する出発点になるのは、経済学に大きな影響をおよぼした二人の心理学者、ダニエル・カーネマンとエイモス・トベルスキーの先駆的な研究である。彼らは、人間は必ずある基準と比較して判断すると証明した。そしてその基準は、その人物を取り巻く環境の影響を受けて変化するという。すなわち、他との比較がなければ、われわれは金持ち、あるいは貧乏ではなく、自分たちの期待と比べるからそう判断するのだ。寒いあるいは暑い、幸福あるいは不幸など、自分たちがどのような状況にあっても、われわれが身を置く世の中の現実が新たな基準になる。本人が標準と考える状況と比較して、その人は幸福あるいは不幸なのだ。そしてその本人が置かれる状態がいずれ必ず標準になる……。幸せになりたい願いはいつも変わらないため、幸福の追求は「快楽のランニング・マシーン」のようだ。われわれはどんなに努力しようとも、いつも出発点に位置し続ける。

つまり、心理学の概念を用いていうと、人間は驚くべき「馴化」能力をもっている。そうした傾向は、おそらくダーウィンのいう適応が原因なのではないかと語る者がいる(15)。つまり、思いがけない危険を予知するには相対的な判断が必要であり、また環境への適応を促進するには、継続状態に「馴化」しなければならないのだ。

しかしながら、カーネマンとトベルスキーは重要な点として、人間はよいニュースと悪いニュースに対して完全に非対称の反応を示すと強調する。古典派経済学の理論では、一ユーロのプラスとマイナスは、同じ性質の喜びと不満を生み出す。一ユーロのプラスは喜びが一単位増え、一ユーロのマイナスは不満が一単位増えると考える。ところが、人間はそのように物事を感じない。失うことへの嫌悪感は、得ることの見通しよりもはるかに強い。これは金銭的な利得だけではない。親愛なる人物の死去や、失業、さらにはちょっとした目的の喪失でさえ、落胆はそれらとまったく逆のことがあったときの喜びよりも、はるかに大きい。

状況への「馴化」と、常に適応しながらも期待値自体を下回るのではないかという心配の二つを組み合わせると、不快な結論が得られる。すなわち、われわれは常に不足という心配に悩まされ続けるのだ。どんなに注意しても、不足の心配は人間の心を常に苛む。人間が欲求から逃れるために豊かになっても、その新たな状態がすぐに新たな基準になり、すべては振り出しに戻るのである。

隣人――欲求は常に相対的

「イースタリンのパラドックス」は、こうした果てしない富の追求と幸せの空しさを統計的に表している。経済学者リチャード・イースタリンは非常に多くの調査結果から、国の満足指数はその国が達成した豊かさのレベルに関係がなく、驚くほど変わらないと示した。フランスは、五〇年前より二倍も豊かになったのに、五〇年前より幸せになっていない。フランス人の抱える金銭問題は減らなかったのだ。このパラドックスの最もシンプルな説明は、カーネマンとトベルスキーがつくり上げた考えにある。すなわち、どんな富であっても、それは常に相対的なのだ。なぜなら、富は繁栄とともに変化する基準とリンクしているからだ。

イースタリンのパラドックスに対するもう一つの説明は、他者と自分を比べるという人間の強迫観念にある。経済学者ジェームズ・デューゼンベリーは、一九四九年から行なってきた消費に関する自己の研究を要約して、「近所の人に負けまいと見栄を張る」という有名な文句を掲げた。[16] 自家用車やテレビなどで、いまいましい近所の連中に遅れをとってはならない。これがアメリカ消費者の行動基準だというのだ。

ルットマーのアメリカに関する研究では、隣人が幸せにおよぼす影響が推定された[17]。自分が周囲の人々より貧しいと、人は不幸だと感じる。身近な人々の間で格差を感じることほど、悲惨なことはないのだ。ルットマーによると、平均所得が自分より高い地区で暮らすと、不幸を感じやすいという。彼の推定では、全員の所得（自分と隣人の所得）がそれぞれ同じ割合で増加しても、平均的な幸福感には何の影響もない。フランスでは、サラリーマンを対象に、自分の賃金が「正当」だと思える基準を探す調査が行なわれた[18]。彼らのほとんどは、自分の賃金が他者と比較してよいか悪いかを判断する。そこで彼らが基準とする集団になるのは、半分は自分たちの同僚、四分の一は学友、残りは友人や親族だった。カリフォルニアのある大学では、法律により教授の給料がネット上で公開された。すると、自分の給料が同僚たちより安いと知った教授のなかには、不満が募り、退職した者たちがいたという。

こうして現代社会における幸せの追求は、単純で基本的な障害にぶつかる。すなわち、欲求は常に相対的なのだ。重要なのは、一〇〇〇ユーロあるいは一万ユーロを稼ぐかではなく、自分を取り巻く社会において、自分が相対的にどこに位置するのかを知ることだ。億万長者たちにどのくらいの資産があれば「本当に気が休まるか」と尋ねると、彼らは全員、異口同音に自分たちの保有資産額に関係なく、現在の二倍と答える。

しかしながら、問題の核心は次の通りだ。人間は、自分たちが理解できない欲望の法則に支配され、自分たちの欲求がきわめて影響されやすいのを認めることができない。そして「将来の所得増」を常に願い、たとえ実際に増加しても決して満足しない。なぜなら、人々は自分たちの将来的な見通しを、自己の現在の願いが必ず変化することを考慮せずに、現在の願いと比較するからだ。[19] 自分たちが環境の影響によって変化するという考えは、誰も認めようとしない。人は、自分にとってよいことは何かを評価する権利を、今の自分にしか与えない。だからこそ、われわれの社会を機能させるために重要なのは、豊かさよりも経済成長なのだ。つまり、経済成長は、自己の精神的および社会的な境遇から這い上がれるという、儚いが常に更新される希望を全員に与えてくれるのだ。人々の不安を和らげるのはこの約束であって、約束が実現することではない。

二つの欲望の行き詰まり

経済学者が欲望の問題をうまく扱えないのは当然だ。この分野に関する多くの哲学者の思想を点検するよりも、ここでは思想界の二人の巨匠ジークムント・フロイトとルネ・ジラールの考えをたどってみよう。彼らの考えは基本的にまったく異なるが、人間の欲望に関する統一的な理論研究では重なる。両者とも独自のやり方で、現代社会が依拠する労働と羨望という二つの柱を分析した。

フロイトは、有名な著書『文化への不満』のなかで、イースタリンに先立ち、彼と似た診断を下した。「厳密な意味での幸福は、鬱積した欲求が急に満たされるために生じるのであって、本来、挿話的な現象としてしか現れない。たとえば、冬の寒い夜に布団の外に素足をさらけ出しておいて、冷えたその足を布団の中に引っ込めることから快感を得るように……」。そして「人間の幸せになるという意志は、創造性の観点では描けない」という非常に悲観的な見方を付け加えた。精神分析学の考案者フロイトにとって、人間の苦悩は、個別の文明でなく、あらゆる文明の過程そのものに存在する。「文明における進歩は、『本能を犠牲にする』ために生じる幸せの喪失という代償（を常に支払うことになる）」。

フロイトの説に従うと、個人は幼少期から満たすことを禁じられた欲動に向き合う。こうして個人は、外部の権威である両親を自分の悩みの原因とみなし、攻撃性を育む。そこから生じる罪悪感は、フロイトの理論体系において重要な意味をもつ。子供は、フロイトが超自我と呼ぶものを内在化しながら、自分の愛する人々に対する自己の攻撃性から己の身を守る。超自我は、両親に対して発揮されたかもしれない攻撃性を手なずける。主要なパラドックスは、個人の徳が厳格で警戒心が強いほど、この良心のようなものが機能することだ。あたかもこの良心が、自己の欲動を受け入れないように、まったく矛盾した方法で個人を非難するのだ。超自我は、常にさらなる罰を要求するという、ある種の追走の過程において、「断念するたびに、道徳意識は厳格になる」のだ。

個人に与えられた道筋は、欲動の目標が外界に拒否されないようにするために、その目標を変えることだ。「その場合、欲動の昇華が役立つ。芸術家が創造するときや、研究者が難問を解決するときの満足感だ。しかし、この方法は万人向けではなく、それどころかごく一部の人々しか利用できない」。もう一つの候補は愛だ。ここで問題になるのは、「われわれは、愛があるときに感じる苦痛よりも、愛する対象や愛する人を失ったときに感じる虚脱感と不幸に対して無防備である」ということだ。フロイトは次のようにも付け加えた。われわれは、「東洋の叡智の教えやヨガの修行のように、快楽を消すこともできるだろう。もしそうなら、それは同時に、他のあらゆる活動も断念することになる。喜びを得る機会を減らすという、受け入れがたい代償を支払うことになるのだ。自我によって制御されない野蛮な欲動を満たすのは、飼いならされた欲動を満たすときよりも、比較にならないほど強烈な刺激である」。

ようするに、フロイトの考える最もよい解決法は仕事だ。「人生をすごすコツは、個人を現実に強固に結びつけると同時に、仕事に集中することだ。仕事は、人間共同体という少なくとも現実の部分に、個人を確実に組み入れてくれる」。こうして快楽原理は、穏健だが効果的な現実原理へと変容する。「なぜなら、不幸から逃れられて、すでに幸せだと感じるからだ」。

フロイトのいう罪悪感は、エディプス・コンプレックスから理解できる。父親を愛するが、父親を嫌う。息子は、父親を殺しながらも、父親を愛するしかないのだ。フロイトのいう罪悪感は、（少なくとも神話では）父親を殺したという後悔だろうか、それとも父親を殺すと（だけ）願った罪悪感だろうか。それはあまり重要でない。というのは、罪悪感というのは、そうした両義的な気持ちのことだからだ。[20]

ルネ・ジラールは、エディプス・コンプレックスに対する緻密な批判を提示しながら彼独自の論考を展開した。ジラールによると、父親と息子は、必ずしも争う関係にはなかったという。その単純な理由は、子供にとって、長年にわたって絶対的権力だった父親と敵対関係になろうと思っても、父親はあまりにも偉大であったからだ。世の中を動かすのは兄弟の争いだ。「神話には、カインとアベル、ヤコブとエサウ、エテオクレスとポリュネイケス、ロムルスとレムス、リチャード一世（獅子心王）とジョン（欠地王）など、兄弟の争いはたくさんある」[21]。ジラールは、兄弟の争いの源を模倣のライバル関係と呼び、次のように説明する。「すべての欲望には、主体と客体だけでなく、ライバルという第三者が存在する。主体は客体に内在する美点が欲しいのではなく、ライバルがそれを欲しがるから自分も欲しくなるのだ。実際に、主体は何を欲しがるべきなのかをライバルが示唆してくれるのを期待している」。ジラールの論考において手ごわいライバルとして登場するのは兄弟だ。

兄弟の争いを暴力の根本に据えるジラールは、エディプス・コンプレックスのフロイトの解釈を批判する。ジラールの考えでは、近代性の到来とともに父親の地位が下がっただけであり、父親の地位が兄弟に近づいたのだ。「エディプス・コンプレックスの黄金時代は、父親の立場は格下げになったが、父親に威厳が完全には失われてはいないときのことである。つまり、過去数世紀の西洋の家庭においてのことだ。そのころの父親は、親子間の地位の格差がなくなり始める世界における最初のモデルであり、最初の障害である」。

ジラールは、父親との争いの現代の仕組みを、コミュニケーション理論の専門家たちが述べるダブル・バインド〔二重の拘束〕という考えから展開する。[22] 矛盾する命令がダブル・バインドだ。たとえば、「自発的にやりなさい」や「この標識を読んではいけない」などである。ジラールによると、父親は息子に「俺のようにやるんだ。真似してみろ」と言い、息子がその通りに実行すると、父親は、息子が自分の地位を奪おうとしたと思い、息子の従順さを攻撃と解釈する。ダブル・バインド構造は、父親の権力が弱まるが、完全にはなくならない移行期の病理として現れる……。「歴史的にみて、近代世界が到来したために精神分析が突如生まれたのである。（……）〔厳格な〕父親が減るにつれてエディプス・コンプレックスが増えるのは奇妙ではないか」。ジラールが暗黙のうちに、恥という旧体制と対照をなす罪悪感の時代への、西洋のゆっくりとした移行に関するノルベルト・エリアスの提唱する年代推定に同意する点に、留意する必要がある。[23]

人間の欲望を理解するのに、父親なのか兄弟なのかを逡巡しても意味がない。父親そして兄弟に関するどちらの分析によっても、個人に宿る欲求の側面は探求できる。すなわち、精神的な欲求は仕事によって昇華でき、社会的欲求は自己の外にモデルを求め、このモデルによって自己のアイデンティティを構築できるのだ。飽くことのない超自我の仕業であれ、元来尽きることのない模倣のライバル関係の仕業であれ、両者の分析からは独自の道筋によって、そうした作業が、なぜ繰り返されなければならないのかがわかる。

ダブル・バインド〔二重の拘束〕

西洋社会を襲う道徳と政治の危機の主因は、誰もあまり認めようとしないが、経済成長の不確実性にある。経済成長率が高ければ、世の中の一員になるための個人の努力は報われ、雇用は増える。だが、経済成長が低ければ、個人のそうした努力は報われず、労働者は同僚たちと競い合うことになる。経済成長期の社会には、信頼感がよみがえる。逆に、経済成長率が予想よりも低いと、悲観論が蔓延する。

アメリカとヨーロッパの「経済成長が道徳におよぼす影響」を分析したベンジャミン・フリードマンは、景況からみた政治動向を検討した。アメリカの「進歩的な大時代」は、ほとんどの場合、経済成長率の高い時期と重なる。つまり、一八六五年から一八八〇年、次に一八九五年から一九一九年、そして戦後の公民権運動の時代だ。反対に、経済危機は、ポピュリズムを生み出し（一八八〇年から一八九五年）、クー・クラックス・クラン〔白人至上主義団体〕を（再び）台頭させ（一九二〇年から一九二九年）、恐慌期の保守革命を引き起こした（一九七三年から一九九三年）。

フランスでは、第三共和政の改革派運動、戦後改革、六八年五月の文化革命などは、景気拡大期に起きた。反対に、ブーランジェ将軍事件、アクション・フランセーズ、ファシストの暴力、ヴィシー政権、国民戦線（FN）の台頭は、経済危機をともなった。ドイツでは、公民権や社会的な権利が拡大したのは経済成長期だった（ドイツ統合やヴィリー・ブラントの改革）。三〇年代のナチズムの台頭や反移民運動の再燃が起きたのは、深刻な不況期だった。

こうした相関関係にもいくつかの重要な例外がある。たとえば、三〇年代の恐慌の渦中にルーズベルト大統領が行なったニューディール政策や、フランスの経済危機時であっても誕生したフランス人民戦線などだ。それらの例からは、政治が役割を担うことがわかる。ルーズベルトはフーヴァーの失政を罰し、フランス人民戦線はラヴァル首相の緊縮財政を中断させた。アメリカでは人種差別やユダヤ人排斥運動がぶり返していたが、ルーズベルトはニューディール政策を課した。フィリップ・ロスの著書『プロット・アゲンスト・アメリカ―もしもアメリカが…』は、大西洋単独無着陸横断飛行の英雄で（ジョン・ケネディの父が参加する）極右団体のリーダーのリンドバーグが政治運動で勝利する、現実にありえただろう（架空の）話だ。しかし、ドイツのナチス台頭により、アメリカでは極右に傾いた人々は冷水を浴びせかけられた。

反フォーディズム――コンピュータ、金融、グローバリゼーション

栄光の三〇年（一九四五年から一九七五年）に対する大きな期待感も、工業時代に経済成長が利用したメカニズムの影響力を物語る。当時、日常的な財の消費には、社会的階級に基づく「遅れ」があるのが普通だった。たとえば、テレビの世帯普及率は、五〇年代初頭にテレビが登場したときは一％だったが、その二〇年後には、企業幹部と労働者の世帯普及率は同じになった。自家用車についても、一九五九年の企業幹部世帯の普及率に農民世帯の普及率が追いついたのは一九七〇年だった。それらの比較からわかるのは、農民および労働者と企業幹部との間に隔たりがあったということだ。たとえば、最も恵まれない階層の遅れは、自家用車で一五年、冷蔵庫で九年、洗濯機で七年だった。このようにして社会では奇跡が起きた。すなわち、自分の階級にとどまりながらも、誰でも他者に追いつけるという夢をもてたのである。

この時期はフォーディズムと結びつきがある。ヘンリー・フォードは、労働者の勤労意欲を高めるために賃金を二倍に引き上げるという、驚きのアイデアを実行した。それは、流れ作業に従事する労働者の欠勤や職務怠慢を防ぐためだった。フォードの回顧録には、賃金を二倍にした日から、それまでになく儲かったと記されている。彼の振る舞いは、企業が生産ならびに富の分配の場になる、工業資本主義の黄金時代を予見させた。このフォーディズムというモデルは、一九一三年から一九七三年まで続き、栄光の三〇年の終焉とともに一掃された。

生産の世界を変革するために、いくつかの強い力が結合した。一つめは、コンピュータが支配的なテクノロジーとして電気に取って代わったことだ。石炭そして石油に基づく過去の産業革命と異なり、デジタル革命は、新たなエネルギーを供給するのではないが（あるいは、エネルギーの供給の仕方を変えるのではないが）、組織のそれまでにない機能方法を考案した。企業は、取引先、下請け、社内のコミュニケーション・コストを劇的に削減し、自分たちのエコシステムを抜本的に再構築したのである。企業の経営者は、工場のない企業、労働者のいない工場を夢見た。労働組織の原則だった反復作業は、アウトソーシングされた。

流れ作業が単に電気の利用によって推進されたのではなかったように、デジタル時代の企業のこうした進化は、コンピュータの利用だけによって確立されたのではない。実際には、組織イノベーションは、インターネットが出現する以前から始まっていた。金融革命というもう一つの強い力が重要な役割を演じていたのである。

八〇年代以降、年金基金などの機関投資家が企業経営を管理するようになった。彼らが最初に行なったのは、経営者のモチベーションを変化させたことだ。彼らは、経営者と従業員の利益を切り離す新たなガバナンス形態を設けた。経営者は賃金制度から抜け出し、自社の株価に応じて報酬を受け取るようになったのである。従来の製造業の経営者であれば、従業員の賃金を引き上げなければ自身の報酬を増やせなかったが、新たなモチベーション体制では、まったく逆のことが起きるようになった。経営者の報酬を増やすには、株式市場で自社の株価が堅調に推移しなければならない。つまり、賃金をできる限り削減しなければならないのだ。

三つめの要因は、九〇年代後半に価値連鎖を再編成したグローバリゼーションだ。グローバリゼーションにより、資本主義は世界中に広がり、世界的な分業体制が再構築された。企業は、インドで経理業務、中国でスマートフォンの製造など、さまざまな業務を世界中でアウトソーシングする術を学んだ。こうして企業活動のアウトソーシングは、世界的な現象になった。

ようするに、資本主義の新たな「大転換」を引き起こしたのは、コンピュータ、金融、グローバリゼーションという三つの急変の結合だったのである。この資本主義は、フォーディズム時代に予想された資本主義の精神および方式と完全に異なる。硬直的だが効果的だったセーフティネットをもつ社会が大切に培ったバランスは砕け散った。企業の労働者を保護する機能は消え失せたのである。

矛盾した命令——ストレスによるマネジメント

フォーディズム・モデルの崩壊に続き、企業は新たなモチベーション体制を考案した。それはストレスによるマネジメントだ。フィリップ・アシュケナージが先駆的な著書『現代の経済成長』[24]において指摘するように、フランス国立労働条件改善機関の報告書には、この新たなマネジメントの内容が見事にまとめられている。「企業が従業員の活躍の場になるのが優れたマネジメント(QCサークルや集団での意見交換など)だと紹介されている。だが、実際に観察されるのは、個人の能力や業績を評価して最もきついポストへの交代を増やす、兼務を強いるマネジメントだ。これは、従業員のフラストレーションと孤独感を強め、表に出ない競争を生み出し、対抗心が職場を支配するという、破壊的な効果をもたらす」。燃え尽き症候群は、今世紀の新たな病だ[25]。現代において故障するのは、機械でなく人間自身になったのである。

そうした苦悩の重要な部分は、ルネ・ジラールがすでに分析したダブル・バインドに起因する。経営者は従業員に対し、「自主的になれ、自ら進んで行動しろ」と命令しながらも、事務手続きを増やし、ソフトウェアによる労務管理を強化し、従業員に自主的に行動するのを禁じている……。今度は労働界が降伏したがらない権威社会のこうしたハイブリッド体制に耐え忍ぶようになったのである。ルネ・ジラールの表現を真似るのなら、階級モデルが弱まれば弱まるほど、ますます愚かなことが横行するのは奇妙ではないか。[26]

フロイトは、神経症の人物は外界に対する保護を探し求めると述べた。社会学者アラン・エランベールによると、[27] 現代の精神的な病は、神経症ではなく鬱病であり、この病は、自分は世間の要求に「見合わない」のではないかと思い悩むと、突如として発病するという。

鬱病の「経済学的な問題」は生産性を低下させることだ。多くの調査によると、鬱病になった者は、複雑な問題を解決できなくなり、さらには一日の計画を立てられなくなるという。反対に、上機嫌な人物は、よき友人、同僚、隣人であり、そしてよき市民だ。なぜなら、幸せだと、協力が得られ、創造力を培えるからだ。たとえば、チョコレート・クッキーを与えられた子供のグループと、何も与えられない子供のグループがあるとする。前者のグループは後者のグループより、複雑な問題にはるかに粘り強く取り組む。ある調査によると、生産性の低下の一〇％近くは、従業員が不幸になったことが原因だという[28]。逆に、「働きがいのあるアメリカの企業一〇〇社」にランクインする企業は、その特徴を考慮すると、ランク外の企業より生産効率が高い。

仕事の満足感は、人生の喜びにとって主要な要素だ。仕事に何を求めるかを尋ねたところ、調査対象者の六〇％は安定した雇用と回答したが、その次は、面白さ（五〇％）、自主性（三〇％）と続いた。この調査で賃金と回答した割合は一番低かった（二〇％）。失業の影響は、収入を失うだけでなく、社会的地位、自信、他者とのつながりの喪失を意味する。逆に、（学生時代に）金銭的な成功を願うと述べた人々の満足感は、その二〇年後、そのように回答しなかった人々と比べて低かった。

幸せになるのは自己実現の現象であり、それは社会的なつながりを良好にする。そしてそうした人間関係は幸福の要素でもある。さらには、その人物の健康状態もよくなる。肯定的な感情（ポジティブ・フィーリング）をもつ人々は、炎症性疾患、循環器系疾患、神経内分泌疾患などの病気に罹りにくい。上機嫌は、食事の質、つまり健康に直接的な影響をおよぼす。「神経質な人」は、果物よりもポップコーンというように、ジャンクフードを食べる。鬱病の人は肥満の確率がかなり高く、喫煙率は二倍である。ある調査によると、幸せな人の寿命は不幸な人より一〇年近く長いという。文学のある研究では、自伝に肯定的な単語（「生き生き」、「力強い」など）を用いる著者も長生きだとわかった。誰でも幸福になれるが、問題は、どうすれば幸せになれるかだ……。」「偉大になりたいという願いと同様に、もっと幸せになりたいと願っても意味がない」と述べる者もいる。

（一卵性および二卵性）双生児が互いに異なる家庭で育てられたケースを分析すると、「あなたは幸せですか」という質問に対して肯定的に答える性向など、本人の性格の特徴の少なくとも五〇％は遺伝によるらしいことがわかった。しかし、幸福を感じる性向に遺伝的な部分があることを認めるにしても、幸福になろうとするのはあきらめろ、とはならない。

誤解が生じやすい例に、知能テストがある。こうしたテストの結果からは、七五％が遺伝的なものとわかる。そうはいっても、知能テストの結果は、二〇世紀を通じて著しく変化した。知能は社会的な影響を受けやすいのだ。身長、体重、寿命なども、遺伝が大きく影響する。そうであるにもかかわらず、二〇世紀全般を通じた医学の発展と公衆衛生（とくに食糧）の改善により、それらの身体的な特徴は著しく変化した。同様に、失業の経験は、（再就職後も）幸福感を持続的に低下させ、失業者の精神状態が元に戻るには非常に長い時間がかかる。社会的な条件はここでも重要な役割を担っている。ゆえに、幸せには社会的な現象によって説明がつく部分が大きいため、社会的な解決が求められるのだ。実際に、人々の幸福感は、国や社会によってばらつきがある……。

どうすればデンマーク人のようになれるのか
——ポスト工業社会への移行

今日でも、人々の社会的な暮らしは、世界中どこでも同じというわけではない。デンマークは、ポスト工業社会へうまく移行した例として、しばしば紹介される。国際的な調査によると、デンマークは世界で最も幸せな国の一つだという。デンマーク人に自身の幸福感を一〇点満点で評価してもらうと、彼らは平均して八点をつける。これは高得点だ。デンマークと並んで最も幸せな五ヵ国は、フィンランド、ノルウェー、オランダ、カナダ、そしてなんとコスタリカだ。最も不幸せな六ヵ国は、トーゴ、ベナン、中央アフリカ共和国、シエラレオネ、ブルンジ、コモロだ。

幸福感の高低差を説明する要素は多すぎて選択に困るほどだ。たとえば、最も幸せな国は最も不幸な国に比べて、収入は四〇倍、平均寿命は二八年も長く、親しい友人の数は二倍、自由と感じる割合は高く（九四％対六三％）、自国の政府の誠実さをあまり疑わない傾向にある（三三％対八五％）。

一〇点満点で幸福感を評価すると、世界の中央値は五点、ヨーロッパは七点、アメリカ、オーストラリア、ニュージーランドは八点だ。イギリス社会の底辺出身の徒刑囚たちが住みついたオーストラリアは、今日では平和で繁栄した社会を築き上げている。これは、幸福感には遺伝が（平均的に）影響するという考えを払拭するための充分な証拠だろう。フランスは二三位であり、スペインとメキシコの間に位置する。しかしながら、フランスは、イタリア、ドイツ、日本よりも上位だ。ちなみに、日本は先進国のなかで最低点であり、世界ランキング四四位だ。また、中国は驚異的な経済成長にもかかわらず、世界ランキングの下位三分の一に位置し、モザンビークとマラウイの間だ。

なぜ、デンマークがトップなのか。重要な点は、デンマークは国民が自分たち自身および自国の社会体制を信頼する社会の典型例だということだ[29]。デンマーク国民の四分の三は、他人を信頼できると考える。友人や同僚だけでなく、より一般的に、道端で出会う見知らぬ人であっても信頼でき、街を散歩するのは安全であり、他者の好意を当てにしても危険はないと考える。月刊誌『リーダーズ・ダイジェスト』は、いくつかの都市で持ち主の連絡先の入った財布を置き忘れるふりをするという実験を行なった。ノルウェーとデンマークでは、入った現金はそのままで、財布は毎回、持ち主に返還された。他の国では、その確率はほぼいつも五〇％未満だった。

デンマークはヨーロッパで最も汚職が少ない国だ。民主主義も幸福感の要因だ。テレビ・シリーズ『コペンハーゲン／首相の決断』を観た人なら、その理由がわかるだろう。このテレビ・シリーズでは、女性首相の地味な日常生活が描かれる。この女性首相は、学校に息子を迎えに行くために議会を中座しなければならず、政治的な駆け引きや巧妙さ、つまり政治の欺瞞を知り尽くしているが、馬鹿正直でも（ほとんど）シニカルでもなく、権力を乱用せずにいる[30]。

デンマーク社会には活気がある。非営利団体やボランティアなどの活動が盛んだ。ヨーロッパでは平均して調査対象になった人の六〇％は、少なくとも週一回、自分の仕事以外で、友人、親類、仲間と会う。デンマークのこの数値は八〇％だ。サッカー・クラブや語学学習などのボランティア組織に参加するデンマーク人は二〇〇万人いる。地元の冗談に、「デンマーク人が三人集まると、クラブを結成する」というのがある。今日、一〇万のクラブがある。ボランティア活動は、費やす時間を機会費用によって推算するとGDPの一〇％に相当する。

その他の国々では、医療、教育、住宅へのアクセスに関する不平等は、苦悩と不安の大きさの指標であり、これらの指標によって幸福感の隔たりのかなりの部分を説明できる。逆に、病気になったときに確実に医療を受けられることや、失業したときの手当は安心要因だ。そうしたことが、たとえばデンマークとアメリカの違いを説明する際の鍵だろう。[31]

デンマークでは労働も満足感の源だ。デンマークは、「ヨーロッパにおける仕事の質」という格付けでトップに位置する。一般的にデンマーク人は職場で幸せだ。なぜなら、人々の間に信頼感があるので、互いに仕事を任せられるからだ。デンマークの労働者は、他国の労働者よりも自主的に働く。彼らの労働時間は年間一五二二時間だ。ちなみに、OECD諸国の平均は一七七六時間である。従業員が自主的に働ける場合、必要なら自宅でも仕事を継続できる。デンマークの従業員の一七％は自宅でも働く。職場で怒りやストレスを強く感じるデンマーク人の割合はきわめて低い（怒りが一三％、ストレスが二一％）。職場が住居から近いため、通勤時間は短い。多くの国では、長い通勤時間は不満を生み出す原因の一つだ。テキサス州の女性の幸福感に関する調査では、通勤時間がマイナス要因のトップに挙がっている……。

さらに「デンマーク型フレキシキュリティ〔柔軟性と保障〕」によって、デンマークの労働者は失業のリスクから守られている。この政策では、緩い雇用保護、手厚い失業手当（四年まで）、積極的な再就職支援策という三つの側面が連結する。デンマーク・モデルは、雇用保護が厳しいスウェーデンと比較しても独創的だ。デンマーク人の八八％は労働組合に加入しているため、雇用主は、雇用保護が緩くても気軽に従業員を解雇できない。デンマークでは就職時の研修がしっかりと行なわれるため、職業訓練もより効果的になる。失業者には再就職を保証し、適切な職業訓練を提供するなど、失業者が移行期を有意義に過ごせるためのあらゆる策が講じられる。

このデンマーク・モデルにより、失業の原因ならびに失業と経済成長とのつながりに関する主要な疑問が明らかになる。一般的に、経済成長は雇用創出にプラスに働く。その理由は単純だ。経済成長率が高いと、企業は自社製品の販路拡大が見込めると楽観的になるため、雇用を増やせば儲かると考える。反対に、景気が停滞している社会では、企業は求人を先延ばしにする傾向がある。失業者にとって再就職するまでの待ち時間は、経済危機時には二倍になる恐れがあり、そうなれば失業率も二倍になる。[32] 当然ながら、それは失業者自身そして公的財政にとって気の滅入る事態だ。しかし、うまく管理すれば、この移行期はかけがえのない機会になるかもしれない。雇用環境の浮き沈みに絶えず直面する失業者は、意気消沈するのではなく、この機会に新たなスキルを身に付けられるかもしれない。デンマーク・モデルが参考になるのは、こうした仕組みについてだ。

デンマークの鏡に映るフランス——不信と不安

フランスは、あらゆる点でデンマークと異なる。司法、政党、労働組合……、ようするに他人を信頼することに関して、フランス人は他国民よりも一貫して悲観的なのだ。「世界価値観調査」によると、フランス人の八〇%は、「他人を信頼できますか」という問いに対し、「警戒しすぎることはない」と答える。ヤン・アルガンとピエール・カユックの共著『不信の社会―フランス・モデルは、どのように自壊するのか[33]』は、この論議を華麗に展開している。二人の著者が利用する調査は、国民が強く感じる不安と、他者への信頼の欠如との間には、強い相関関係があると報告する。アルガンとカユックによると、「不当に扱われる、あるいは信頼関係が破壊されるという心理的なコストは、金銭的なコストと少なくとも同じくらいに重要だ」という。彼らは、この不信という要因がフランス社会の不安の源だと考える。

ウルリッヒ・ベックは、一九九九年に出版した『世界リスク社会論―テロ、戦争、自然破壊』〔島村賢一訳、筑摩書房、二〇一〇年〕において、工業化される以前の社会と近代社会では、リスクが根本的に異なると明示した。工業化される以前の不作や早死にというリスクに対して、人々はなす術がなかった。人々が引き合いに出すのは、神々、めぐり合わせ、運命だった。今日、われわれも深刻なリスクを抱えている。しかし、われわれは、それらのリスクは人間がつくったものだと知っている。たとえば、失業のリスク、冷戦時の核戦争のリスク、現在なら地球温暖化による被害やテロ事件に巻き込まれるリスクだ。ウルリッヒ・ベックは、こうした観点の変化により、われわれが人生の（大）事件に付す意義は一変すると考える。経済的にまったく似たような結果になるとしても、失業は不作に見舞われるのとは異なる。(34)

社会的な協力に関して、フランス人は最も悲観的な国民だ。人間関係を支配するのはエゴイズムだと考える傾向は、フランスでは他国よりはるかに強い。たとえば、フランス人の三分の二は、「他者が何と言おうが何をしようがあまり気にせず、各自は自分のことに専念すべきだ」と考える。他者への信頼に関する世界ランキングでは、フランスは東ヨーロッパ諸国と並び、かなり下位に位置する。

フランス人は自国の社会体制もあまり信頼しない。フランス人は、市場だけでなく労働組合も信用しないため、政府の介入を求める。そして政府が介入しても、フランス人の市場と労働組合への不信感は払拭されない……。このことはフランス人が公的権力を信頼していることを意味するのではない。フランスでは、「国の階層的な中央集権による決定が、社会的な対話を空虚なものにする」[35]のだ。デンマーク人は、自国の社会体制に大きな信頼を寄せるため、社会体制をはるかに上手に利用できるのだろう。

他人より所得が高いと幸せを感じるのは、どこでも同じだ（他者と比べて優越感を覚えるのは満足感の源だ）。しかしながら、フランスではそうした傾向はそれほど強くない……。所得の高い職業に就くフランス人（企業の経営者や幹部）は、他国の同じ立場の人々より幸せを感じていない。従業員の愛社精神が弱いのも、仕事に不安を感じる兆候である。アンドリュー・クラークの分析によると、勤務先の会社を助けるためなら、喜んでもっと働くと答えたフランス人は、わずか二五％だったという。これは先進国のなかでは最低だ。この回答で上位に位置するのはアメリカの七九％だ。ちなみに、デンマークは六六％だった。

フランス人の精神構造――「ヴィシー症候群」と否認の文化

フランスには、そのような悲観論の漂う文化的な消えがたい痕跡があるのだろうか。最初に思い浮かぶのは、フランスは（伝統的に）国家という強い階級構造をもつ国であり、その影響が横の相互作用を阻んでいることだ。フランス人の心理を分析したフィリップ・ディリバルヌは、フランスでは二つの相反する文化が融合しなかったと解説する。すなわち、平等を説く聖職者の価値観と、それとは正反対の貴族の価値観だ。ディリバルヌは、フランス人はこうした矛盾をなんとかやり過ごすために、階級社会であるのは誰の目にも明らかであっても、教会では全員が平等だと信じるふりをするという、偽善に頼る以外に方法をもたなかったと説く。

一方、アルガンとカユックの研究の卓越さは、フランス人が悲観主義に陥ったのは、ディリバルヌらの長期的な観点からの分析（もちろん、そうした分析は説得力をもち続けるのだが）が示すのとは異なり、かなり近年になってからのことだと述べる点にある。彼らの研究が斬新なのは、ヨーロッパ人がアメリカへ移民した後に、彼らの気質が世代を経てどう変化するのかを調査することによって、フランス人の気質の推移を分析したことだ(36)。その結果は次の通りだ。祖父母が一九三五年以前にフランスからアメリカに移民したアメリカ人は、同時期にアメリカに移民したスウェーデン人の子孫より高い「信頼感」を示していた。だが、一九三五年以降では、この関係は逆転した。それ以降は、フランスからの移民の信頼気質は、同世代のスウェーデン出身者より劣るようになった。

アンリ・ルッソの理論を踏襲するヤン・アルガンとピエール・カユックは、フランス人の信頼感を破壊した要因の一つとして「ヴィシー症候群」を挙げる。フランス語にはその傷跡の名残がある。「協力〔対独協力〕」という言葉は、フランス人のボキャブラリーから消えたのである。戦後、フランス人は戦争に勝ったのだと力説するド・ゴール主義によって、ディリバルヌが分析するフランス人の屈折した精神である、否認する文化が目覚めた。フランスが過去の栄光に信頼を見出すために無意識のうちに頼りにした戦争は終わり、植民地だったインドシナ、そしてアルジェリアから撤退したのは、悲観主義に陥るとどめの一撃だった。

「六八年五月」が起きたのは、パラドキシカルな時期だった。フランスの若者たちは、ド・ゴール将軍を更迭して指揮官という巨像を傷つけ、フランス人の精神的解放の道筋を切り開いた。だが、七〇年代の経済危機によって状況は一変し、フランスは、あたかも神々の報復を食らったように震撼したのである。

社会的族内婚——誰と一緒に暮らすのか

フランス人は平等を希求する国民だといわれている。しかし、時間が経ってみると、フランス人は、工業社会から解放された世界よりも、過去の工場の権威主義的な枠組みに身を置くほうが気楽だと気づいた。ところで、民主主義という理想を掲げるフランスは平等を目指すが、根本から不平等であり続ける社会を、フランスはどのような原則に基づいてまとめ上げればよいのだろうか。トクヴィルは、すでにこの疑問を考えていた。階級社会から平等社会への移行について、彼は次のように自問した。「生まれと財産の諸特権が破壊され、あらゆる職業が万人に開かれ、そしてそれぞれの職業の頂点に誰もが自力で到達することが可能なときには、人間の野心の前に広々として平坦な出世の道が開かれたように見え、人々はとかく栄光の生涯が自分を待っていると夢想する。だがこれは誤った見通しであって、日々の経験によって改められる。（……）彼らは同胞のうちの若干のものがもっていた迷惑な特権を破壊したが、今度は万人と競合することになる」[37]。トクヴィルによると、民主主義という理想により、他者と競い合おうとする欲望が燃え上がるという。誰もが頂点に達すると望めるのだから、どんな比較をしても不当ではない。民主社会を象徴する平等という高貴な道徳的な価値は、競争と妬みという、相反する特性にいたる。工業社会では、物質的なモノへのアクセスによって平等社会という約束がつくり上げられ、この問題は解決された。だが、生産の階級組織は維持されたままであり、人々は自分の階級に閉じ込められた。工業社会を引き継ぐ新たな社会の特性は、コミュニケーション社会にしかなろうとしないために、商品という媒介的な要素が次第に失われることだ。欲望をそそる希少なモノとは、社会的つながり、立地条件のよい住宅、子供が通うよい学校、快適な保養地など、技術進歩では供給できないモノなのだ。

誰もが自信をもって暮らせる社会をつくるのは、冷蔵庫やテレビを手に入れられると人々に約束するだけでよかった時代よりも、はるかに複雑になった。問題の核心は次の通りだ。工場と大量消費が社会的な媒介役でなくなると、この役割はどうなるのだろうか。その回答の一つとして現れたのが「社会的族内婚」だ。人々が自分と同じ出自の者たちとだけ交流するようになれば、不平等の問題に直面することは避けられる。というのは、人々は自分たちと似たような仲間としか集わなくなるからだ。

そのような社会でまかり通る論理は、ゲーリー・ベッカーの結婚に関する理論によって理解できる。リベラルな理論家ベッカーは、カップル誕生のためのパートナー探しの方法を分析した。その論理はいわば、バカロレアの成績が「優」だった者たち同士、次に「良」だった者たち同士、そして「可」だった者たち同士、最後に不合格だった者たち同士が結婚するということだ。恵まれた者たちは恵まれた者同士で結婚するが、その他の者たちに選択肢はない。その他の者たちが自分たちに残された唯一のパートナー市場、つまり、自分たちと似た者のいる市場に向かうのは、納得してではなく、他に選択肢がないからだ。金持ちや才能に恵まれた者たちのパートナー市場からの離脱は、社会全体に影響をおよぼす。[38]社会の底辺にいるのけ者たちには、仲間内でパートナーを探すしか選択肢がない。もちろん、どの階層であっても適当な相手が見つからないときは、自分より下の階層からパートナーを調達することになるが、これは他に選択肢がないからだ。最下層の者たちはこのような手段をもたない。最下層には、誰からも相手にされない人々であふれかえっている。

マッチング・モデルの専門家アルヴィン・ロスは、市場モデルは（際限なく）再生可能な商品には価格が存在するという考えに基づくと注意を促す。しかしロスは、このモデルのルールは少なくとも重要な決定事項には適用できないと付言する。結婚、住宅、子供の学校や就職などを決定する際、不可逆性の報いは著しく大きい。生涯に関わる重大な決定は、人生においてせいぜい一つか二つであり、それ以上あるのは稀だ。それらの決定で重要なのは、誰と結婚するのか、誰と住むのか、子供たちをどの学校で学ばせるのかという選択だ。ようするに、問題の核心は、私は誰と一緒に暮らすのかを知ることだ[39]。族内婚は、つねに階級社会の構造的な要素だった。そのような社会では、世代を経ても誰もが同じ地位にとどまる。しかし、族内婚が進行し続け、今よりあからさまになると、民主社会が育む幻想は砕け散る。それはとくにフランスのような国にとって耐えがたいことだ。

反社会的なエレベーター——共生の場ではなくなった都市

分断され続ける傾向のある世の中では、情報とコミュニケーションのテクノロジーが罠を仕掛ける。これらのテクノロジーにより、社会には調和が訪れ、他者と隔たりや差別なく、誰もが自由にコミュニケーションできる、アクセス・フリーでフラットな世界が誕生すると喧伝されてきた。実際には、コミュニケーションのコストが低下したため、仲間同士でしか交流しない隠れた世界がいくつもできあがったにすぎない。経済地理学の専門家の経済学者は、そうした傾向をすでに観察してきた。交通費が安くなっても、平和な世の中にはならず、平等にはならず、新たな地理が再定義されただけだった。ありふれた例として、エレベーターの役割が挙げられる。エレベーターが発明される以前は、金持ちの世帯はアパートの三階、貧乏人は屋根裏部屋に住んでいた。金持ちと貧乏人は、言葉を交わすことはなくても、階段ですれ違った。彼らの子供たちは、しばしば同じ学校に通っていた。エレベーターが普及すると、金持ちと貧乏人が同じアパートで暮らすことはなくなった。さらに金持ちと貧乏人は、別々の地区に居住するようになった。都市は社会的な共生の場ではなくなったのだ。

エレベーターと同じく、RER（イル＝ド＝フランス地域圏急行鉄道網）によってパリ郊外は、パリ市内のおしゃれな地区からさらに遠ざかり続ける傾向にある。交通網が発達する以前は、労働者の暮らす下町は、街の中心部からさほど遠くなかった。というのは、労働者は職場まで徒歩で通う必要があったからだ。RERの開通により、都市部郊外の範囲は広がった。パリの人口が将来的にどうなろうとも、サルセル〔パリの北約一五キロメートルに位置する都市〕は、パリの郊外であり続けるだろう。土曜日の夜、郊外の住民たちはパリに来てイメージを膨らませ、そして帰っていく。都市問題の担当大臣が交代するたびに「問題地区」のリストが作成されるが、それらの地区は広範囲で起きている推移の氷山の一角にすぎない。この推移では、かつて近隣で暮らしていた上流層を孤立させるようになる。閉じた地区が形成され、それらの地区は互いに交流しなくなる。[40] ジャック・ドンズロは、アメリカで非常に閉ざされた共同体がいかにして形成されたのかを示した。それらの共同体では、金持ちは自分たちの殻に閉じこもり、自分たちだけの居住地を形成した。フランスに関しては、エリック・モーランが社会階級の族内婚的な再編について詳細に分析している。[41] モーランは、最も所得の高い上位一〇%のグループ（月給が手取りで三五〇〇ユーロ）を裕福な世帯と定義し、INSEE（フランス国立統計経済研究所）がフランス全土を碁盤目状に四〇〇〇に分割した地図を利用して、裕福な世帯の分布状況を考察した。モーランの得た結果は驚きだ。フランス人の半数は、近所で裕福と定義される世帯と出会う機会をもたないのだ。裕福な世帯をランダムに分布させると、出会う機会は倍増する。高学歴の人々の分布はさらに不均等だ。[42]

労働者、現場監督、技術者、経営者の関係は、葛藤に満ちていたが、当時は誰もが同じ工場という世界に属していた。今日、技術者は研究室に閉じこもり、メンテナンス業務はサービス会社に委託され、工場の仕事は、下請け企業が担うか、ロボット化されるか、現地生産だ。雇用の場でなくなった空っぽの工場では、人々が顔を合わせることはなくなった。

アメリカの労働市場を分析したリチャード・フリーマンと彼の共著者は、生産部門における組み合わせ論理を研究した。この研究によると、アメリカで観察されるほとんどの不平等は、人々が働く企業の（平均）賃金の不平等によって説明がつくという。[43] たとえば、年齢、性別、学歴などの「観察可能な違い」では、アメリカの不平等の（たった）一五％しか説明できない。不平等の本質は、労働者間の違いの「隠れた部分」に宿る。この「隠れた部分」の大半は、勤務先の企業に起因する。同じ能力をもちながらもウォルマートに勤める人の賃金は、カルティエで働く人より安いのだ。だが、経済理論ではそうならない。なぜなら、誰もが自分の能力に見合った賃金を受け取るはずであり、そうでなければ、ライバル企業が安いコストで採用された他社の従業員を引き抜くからだ。だが、そのようにはならない。労働者の歩む道はすぐに逃れられない運命になる。偏見から解放されたはずのアメリカにおいてさえ、職業キャリアに汚点を残すのは、取り返しのつかないことなのだ。フリーマンの白けた結論は次の通りだ。労働者にその能力に見合う賃金を支払うという市場の力は、組み合わせの論理によって生み出される力と比べると、かなり弱いことが判明した、ということである（フリーマンによると、ゲーリー・ベッカーも生前にこの結論を支持したという）。

スケープゴート――差異の消失と人種差別・外国人排斥

似た者同士の仲間内ですごすのが、ポストモダン社会の暮らしだとすれば、そうした暮らしでは、少なくとも、他者との競争や比較という重圧を減らせるかもしれない。イースタリンのパラドックスの核心である「近隣の影響」が弱まるのなら、社会は、ほんの少しは穏やかになるだろう。だが、話はそう単純ではない……。社会的族内婚には、別の惨事が待ち構えている。似た者同士でしか集えず、他の可能性を排除する世界では、似ていることが呪いになる。それは牢獄になり、この呪いの犠牲になる人々は、社会的な閉所恐怖症に悩まされる。

ルネ・ジラールは、「差異の消失の危機」を分析した。彼は、次のように説いた。「どんな人間も自分が他者とは『ことなる』とは感じることなく、また『差異』を正当かつ必然的とは考えていないような、そんな文化はありえない。（……）危機に瀕していない社会においては、現実の多様性と一定の交換体系とがともに、差異の存在を印象づけている。この交換体系は、必ず互酬性の要素をふくんでいる（……）差異の消失とともに、文化もほとんどその姿を消していく」[44]。ジラールは、原始社会では双子は長年にわたって恐れられていたことに驚いてはならないと付言する。すなわち、双子の存在は、差異の消失という暴力を想起させる、深刻な危機の予兆だと思われていたのだ。

社会は、差異が一目瞭然の人々に目を向ける。というのは、人々は、社会は一目瞭然の差異を望まないと考えるからだ。これがスケープゴートのメカニズムだ。「暴力を振るいたいという欲求の対象は身近な人々になるが、それを満たそうとすれば、あらゆる種類の紛争が勃発する。したがって、この欲求は、危険なく暴力を振るえる唯一のものである、供物を対象にすべきなのだ。なぜなら、そのような目的に合致する人々は誰もいないからだ」。同じ対象を欲することによって憎悪が催されるのなら、皆で憎むことによって互いに愛し合える。スケープゴートの犠牲者は、社会に平和を再びもたらすのである。このようにして、なぜこうした奇妙な紆余曲折を経て、寛容と自己の開花に専心すると思われたポスト工業社会の中核に、人種差別や外国人排斥が再燃したのかがわかる。

経済成長を超えて——異端者糾弾から社会的つながりの消費社会へ

宗教のおもな役割は、社会から暴力を減らすことだ。そのために宗教では、儀礼を定め、生贄を捧げる。生贄は、人々を「見せかけの暴力」という、暴力の代替になるものに向かわせる。ルネ・ジラールは、「宗教の目的は一つしかない。それは暴力の応酬を防ぐことだ」と記した。フロイトは、「宗教は、人間の悩みを解消するようになった。というのは、宗教のおかげで人間は、絶大な権力をもつ父親は自分を守ってくれるために存在するという、幻想のなかで暮らせるようになったからだ」と述べた。フロイトが、経済成長は近代世界の宗教だと考えたのかはわからない。だが経済成長により、人々は社会の一員になり、社会は人々を保護すると約束し、社会的な敵対関係は緩和される。不況になって経済成長が消え失せると、暴力が再燃する。その犠牲になるのは、しばしば少数派だ。たとえば、ワイマール共和政ドイツのユダヤ人、一九七〇年代のインドネシアの華人、第一次世界大戦直後のアフリカ系アメリカ人などは、経済危機が生み出した再燃する憎悪の犠牲者だった。

ヴァルター・ベンヤミンは、『宗教としての資本主義』と題された文献の中で、宗教と資本主義の類似性を深く掘り下げた。ベンヤミンは、経済成長には三つの宗教的な構造があると記した。一つめは、経済成長は宗教として機能することだ。つまり、経済成長に関係しない考察は、すべて不敬として退けられるのだ。二つめは、経済成長は、「休みなく、そして情け容赦なく」であることだ。つまり、経済成長の示す論理は突き詰めなければならないのだ。三つめは、異議を唱えると、異端者として糾弾されることだ。つまり、富を生み出すための独創的な努力を惜しむ者は、呪われた者なのだ。

ジョルジュ・バタイユは、これらの熟考に貴重な考察を加えた。バタイユの考察により、ポスト工業社会に作用する特殊なメカニズムが明らかになったのである。バタイユは次のように記す。「宗教は、さまよい続ける心の奥底を自分自身で常に感じ、そして見出したいという人間の欲望にこたえた。しかしながら、どの宗教も勘違いして、人間に矛盾した回答しか示さない。すなわち、心の奥底のうわべの形状だ。うわべの要素が心の奥底を明らかにすることはなく、うわべの要素では、心の奥底の意味はわからないだろう」。

現代社会とその宗教である物質的な進歩は、同じ誤解にいたる。現代社会という帝国では、「物質しか掴むことができない人間は、物質こそ追い求める獲物だという幻を見ることになる」[45]。バタイユは次のように考えた。「経済成長は、モノを意識するのをやめるだろう。というのは、自意識においてしか解決されないことがあるからだ。つまり、モノとはまったく関係のない経済成長という日が訪れるのだ。だが、その移行は難しいだろう。というのは、モノを所有しようとしたり、くだらないものに浪費しようとしたりする人間の意識は、そうした経済成長に反するからだ」。

ポスト工業社会は、バタイユが示した(物質的な)モノのない経済成長に対する期待にそぐう。商品が担ってきた媒介的な要素を奪われたポスト工業社会は、社会的なつながりの消費だけを糧にするという段階に達する……。つまり、デジタル経済に固有のモノはないのだ。これは、ロバート・ゴードンが新たな消費社会の不在を引き合いに出したときに強調した点だ。しかしここで問題になるのは、経済成長の量ではなく、その中身だ。高くつくのは、テレビや洗濯機ではなく、住宅、バカンス、信頼できる医師、優秀な教師など、社会的な空間にかなり左右される物事すべてだ[46]。たしかに、モノの際限のない製造と解釈される工業による経済成長が消え去ったのではない。それはポスト工業社会の排出し続ける廃棄物が増加の一途をたどっているのをみれば一目瞭然だ。しかし、ポスト工業社会は、輝く未来の約束というより、消滅しつつある世界のより如実な模倣だ。

今後、人々は、自分たち自身や自分たちの子供たちに、自分たちが最高と思う社会を約束するために働く。族内婚は、社会的な病理以上に深刻だ。なぜなら、族内婚は、物質的なモノという普通の意味での商品よりも社会的なつながりを消費する社会の存在形式であるからだ。

道筋――制度的な中毒から抜け出すために

そうはいっても、ポスト工業社会にチャンスを与えなければならない。イングルハートが調査によって確認したと信じる理想は、現実というよりも、自主独立的かつ独創的で寛容な社会であってほしいという願いだ。資本主義がこうした新たな段階に入ると極端に振れる場合もあるが、それは避けられないことではない。好循環に入るのはまだ可能であり、そうなれば、スケープゴートのメカニズムが叙述する地獄に落ちるのとは正反対のことが起きる。分岐点に戻れば、妬みという憎悪の論理を和らげることができる。分岐点から、われわれは寛容や他者の尊重という別の道筋を歩むのだ。それは気候変動のリスクにも対応するための必要条件だ（だが、十分条件ではない）。

ポスト工業社会を平穏にするためのおもな要因の一つは、第一に、経済成長の不確実性に対して「免疫をつける」ことだ。常に高い経済成長率に期待する「エミール・クーエの法則［フランスの自己啓発法］」よりも、たとえ一〇年単位であっても、長期的に経済成長を成し遂げるのは無理だと認め、栄枯盛衰から社会を保護するために行動すべきだろう(47)。そのためには、失業の恐怖から逃れられる新たな福祉国家を構築し、失業が惨事にならない世の中にしなければならない。ここでは、法学者アラン・シュピオが推奨する「社会的引出し権」というアイデアが道筋だ。デンマーク・モデルに倣い、勉強する、休暇年度を取得する、新たな職業を経験するなどの幅広い選択肢から権利を「引出す」のを認め、誰もが不安なく、無職という苦難の時期をしのげるようにするのだ。「社会的引出し権」は、個人が蒙る精神的および社会的な重圧に耐えられる資力を全員に付与すると同時に、全員に自律した当事者であり続けるための手段を提供するのである。

革命的ともいえるピエール・ルジャンドルの「マネジメントの帝国」もある。全体的な経済成長が途絶えた社会であっても、不安によってサラリーマンを奮起させてはいけない。サラリーマンには、責任感、自主独立、行動の自由を培える職業キャリアを提供すべきなのだ(48)。そのうえ、ストレスによるマネジメントは、完全に反対の効果を生み出す。世界幸福度報告書がまとめた調査によると、幸せな人は、同僚や取引先と協力的な関係を結びやすいという[49]。同様に、未来の展望を描き、複雑な情報を分析し、セルフ・コントロールが利くのも、圧倒的に幸せな人たちのほうであった。好奇心や問題解決の能力も、幸福感から大きな影響を受ける。

次に、公的支出を賄うには経済成長が必要だと、絶えず繰り返される考えを葬り去る必要がある。たとえば、あるサービスに対して、医師や教師にお金を払う。だが、それはレストランで食事したり自動車を購入したりするのと、どう違うのか。医師や教師の提供するサービスは、生み出される富の一部をなすのであって、そうした富が「先取り」されることはない。健康保険の保険料を支払うとき、健康保険制度の唯一の「不都合」は、保険の利用時が時間的に異なることだ。一方、自動車は即時の消費のために購入される。しかし実際には、それは心理的あるいは政治的な問題であり、経済学的な問題ではない[50]。

また、年金制度を均衡させるには経済成長が必要だというのも誤解だ。これはとくにフランスでよく聞かれる。年金制度の持続性をシミュレーションすると、年金を均衡させるには、高い経済成長率が必要だといわれる。しかし、それはシステムを不合理に機能させる結果だ。経済成長率が高ければ、年金はGDP比でみると安価になる。なぜなら、年金の給付額は、現役世代の収入に比べて下がるからだ。一方、経済成長率が低いと逆になる。すなわち、年金は、経済成長率が高ければ充実し、経済成長率が低ければ乏しくなる。だが、年金の給付額を賃金の推移に自動的にスライドさせれば、(長期的に) 問題は生じないだろう。多くの社会体制が経済成長を必要とする理由は、経済が急成長したから社会体制が確立した、と人々が考えるからだ。社会が経済成長の不確実性に免疫をもてば、このような制度的な中毒からも抜け出せるだろう。

次に、ゲットーのない新たな都市文明をつくり出し、社会的族内婚をできる限り抑制しなければならない。ルットマーが、近隣の人々が幸福感におよぼす影響を調査したところ、たとえばカナダでは、マイナスの影響はみられなかった。共感のほうが強くて妬みが生じないこともあるのだ[51]。妬みは、その定義からしてみせびらかす財だけを対象にする。デンマークの例で紹介したように、妬みではなく多様な団体をつくることができれば、近隣の人々は親しくなれる。

そして都市空間のあり方を見直し、緑あふれる都市にする必要がある。たとえば、学生を対象に、大学の寮から教室まで移動する際に、長く曲がりくねった森の小道を歩いていくのと、教室まで最短距離で行けるトンネルを利用するのでは、彼らの気持ちにどう影響するのかを調査したところ、満足感が圧倒的に高かったのは、距離が長くなるにせよ、当然ながら森の小道を歩くほうだった。また、別の調査では庭を眺められる病室に入院した患者の回復率のほうが高かったという結果もある。このような自然を求める感情は、都市部でなく都市周辺部で起きる問題だ。都市周辺部は、環境的および社会的に荒廃している。さらに、懸念される族内婚という悪影響に交通費の問題が加わる。しかしながら、都市計画の専門家は、コンパクト・シティなら費用を捻出すれば緑化できると説く[52]。

逆説的だが、環境問題という制約によっても、国際関係を平和にする道筋が描ける。環境リスクによって運命共同体を設立するのだ。文明の衝突という論証に固執するハンティントンをはじめとする論者は、文明が常に互いに借用しあってきた歴史を忘れているようだ。ベンジャミン・フリードマンは、幸福感に関する国際的な調査を分析し、そうした文明間の交流を考察している。一九六〇年代、キューバ、アメリカ、ナイジェリアは、各国の所得レベルにかかわらず、量的にみた幸福度は同じだった。今日、幸福感に関する国際的な調査では、同じ国で暮らす個人の場合、金持ちの人ほど幸福感が高いように、国の幸福感も他国との比較でランキングが決まることがわかった。その最も納得のいく説明は、フリードマンによると、かつて人々は自分たちの近隣の人々と比較していたが、現在ではテレビやインターネットによってつながる距離的に離れた共同体に理想のモデルを見出しているからではないかという。他人の真似をしたいという欲求は、二酸化炭素の排出量を急増させる恐れがあるという点では悪いニュースだ。だが今後、人間は地球規模で自分たちの社会的なつながりを考えるようになるかもしれないともいえる。

国家間の敵対関係を緩和するのは、世界市民を生み出す新たな国際秩序の課題だ。（たとえば）全員が平等に二酸化炭素を排出するようになることを目指す二酸化炭素排出権の創設は、利用可能な手段の一つだ。これは運命を共有するという意識を生み出す効果も発揮するだろう。

エドガール・モランは著書『道筋』[53]のなかで、彼のいう「文明の政治」の課題を次のようにまとめた。「社会は複合的にしか進歩できない。つまり、自由において、自主独立において、そして連帯して進化する社会なら共同体において進歩するのだ。文明の政治の目的は、連帯を修復し、都市部に人間性を取り戻し、農村部に活気を取り戻すことだ」。モランは次のように付言する。「生活の質を最優先しながら、量的なヘゲモニーを質のために覆さなければならない。西洋文明の人々は、自分たちの文明が最高だと高慢になる恐れがある。たとえば、人道主義の伝統、批判的考察と自己批判、民主主義の原則、女性と子供の権利ならびに人権などだ。一方、自然とのつながり、宇宙に内包されている感覚、社会的な共同体としてのつながりを維持する伝統的な社会は、西洋のそれらの優れた点を導入しながらも、これらすべてを維持していかなければならない」。そして次のような結論を述べる。「政治的思考の再生は、個人、社会、空間という人間性の三位一体の概念に基づかなければならない」。モランの提唱する見事なプログラムでは、どの段階においても他者が必要であるため、たとえそれが他者のことであっても、また、人間が暮らし、働き、欲しがる社会において皆で分かち合うという共同体の意義が事前に見出せなくても、個人は利己的な振る舞いをしないはずだ。

結論　トライアングル地獄からの脱出と超越

現代社会は、経済成長なしでも持続できるのか。現代社会の職場が個人に課す重圧や個人の妬みを考慮すれば、正直に答えるとノーだ。経済は再び成長するだろうか。歴史を振り返り、環境問題という将来的な制約を考慮すれば、これも期待できない。ようするに、西洋社会は、怒りと暴力にまみれるという結論は避けがたいように思える。

人類史は、すでに克服しがたい矛盾に直面した。人類が地球を征服し、人類が理解できなかった人口圧で地球を圧迫したとき、人類の滅亡は「不可避」だった。本書で述べたように、人口増加で地球が人類であふれかえる二〇二六年一一月一三日が、最後の審判の日だった。古代メソポタミア、イースター島、マヤ、ヴァイキングなどの文明が、環境問題を管理できずに滅びたように、地球全体がそれらの荒廃した文明のようになったかもしれないのだ。

人類は、その当時は誰も予想しなかった大激変のおかげで、この瓦解を回避した。すなわち、合計特殊出生率の急落という人口転換だ。こうして、経済学者ゲーリー・ベッカーが子供の数よりも質が重要視されるようになると解釈した、新たな時代が幕開けしたのである。

そうはいっても、かつての農村社会がカロリーに飢えていたように、現代社会は富に飢え続けている。決してたどり着けない地平線に向かって歩き続ける人のように、現代人は絶えずもっと裕福になりたいのだ。だが、いったんその裕福さを手に入れると、それが当たり前の状態になり、現代人はまたしてもそこから遠ざかろうとする。そうなるのを人間はわかっていない。なぜ人間は、常に自己を自分自身から無理やり引き離そうとするのだろうか。精神分析医、人類学者、経済学者は、この不可解な問いに迫ろうとし、さまざまな見解を提示した。いずれにせよ、重要な点は次のようにまとめられるだろう。人間の欲望は、その人が身を置く状況から多大な影響を受ける。こうして人間は、飽くなき無限の欲望を抱くことになる……。

この影響されやすさは、呪いであると同時にチャンスなのだ。なぜなら、人間が、仕事、芸術、社会生活の場で役割を担うことによって欲望を昇華できれば、その対象は重要ではないからだ。しかし、そうした人間の欲望を地球の保全と整合性をもたせるには、新たな転換が早急に必要だ。それは人口転換が成し遂げた量から質への転換と似たものだ。

現代社会が失業の解消や明るい未来を夢見るために利用する唯一の方法が、物質的な経済成長であり続ける限り、現代社会がそれを断念するとは考え難い。しかし、現代の経済成長の原動力は、労働強化と気候変動のリスクであるため、失業と雇用不安、精神的なストレス、環境危機というトライアングルの地獄が待ち構えている。罠にはまるのは避けられない。物質的な経済成長では、未来に展望をもてず、また地球の瓦解を避けるために必要な方策に理解を示せない、気の滅入った人々で成り立つ社会になってしまう。

環境破壊の脅威だけでは、人々は腰を上げないだろう。環境破壊を避けるために不可欠な技術的な方策を講じる際の背景に、人々の精神構造に変化がなければ、こうした技術が日の目を見ることはない。企業内、人々の間、国家間において、社会的なつながりを穏やかなものにするには、われわれは競争と妬みの文化を超越しなければならない。人々の精神構造はこれまでに何度も変化したが、それは政令によってではない。個人の熱い思いと社会的な欲求が同じ目的に向かって一致すれば、人々の精神構造は変化する。われわれは、まさにそのような瞬間にあるのだ……。

謝辞

本稿を丁寧に読んでくれたジャン＝クロード・アメイセン、イスマエル・エメリエン、ピエール＝シリル・オーカー、フランシス・ヴォルフに感謝申し上げる。本書の編集者リシャール・デュコセとアレクサンドル・ウィッカムには、本企画にご支援いただいた。そして原稿を丹念に読み返してくれたマリー＝ピエール・コスト＝ビヨンにも感謝したい。

訳者あとがき

本書は、フランスで二〇一五年八月に刊行された。原書のタイトルは、*Le monde est clos et le désir infini*（閉じた世界と無限大の欲望）である。このタイトルは、ロシア出身の科学史家アレクサンドル・コイレの名著『閉じた世界から無限宇宙へ』（横山雅彦訳、一九七三年、みすず書房）からヒントを得たという。

本書の序論にあるように、西洋では、一七世紀にガリレオとケプラーの偉業により、神という望徳は失われ、脱宗教の基盤が整った。次に、一八世紀に啓蒙思想家たちが、魔術や信仰に代わる理性による進歩を唱えた。ところが産業革命後、進歩は物質的な豊かさを意味するようになり、これを満たす妙薬として経済成長が信奉されるようになった。今日、われわれはこうした価値観に縛られるがために、閉じた世界において有限性を痛感しながらも、無限大の物質的欲望を抱えて暮らしている。しかし、こうしたやり方が持続的でないのは誰の目にも明らかだ。これが原書のタイトルに込められた意味だろう。

著者ダニエル・コーエンは、一九五三年チュニジア生まれのフランスを代表する経済学者だ。パリ高等師範学校（エコール・ノルマル・シュペリウール）の経済学部長とパリ経済学校の教授を兼任している。専門は国家債務であり、ボリビア、ギリシア、エクアドルなどの債務問題を抱える政府のアドバイザーとしても活躍してきた実務家でもある。

著書は多数あり、多くの言語に翻訳出版されている。邦訳書は、『迷走する資本主義』（新泉社）、『経済と人類の1万年史から、21世紀世界を考える』『経済は、人類を幸せにできるのか？』（ともに作品社）がある。本書では、コーエンは前述の三作に比べて楽観的な見通しを述べている。それは本書の「結論」に端的にまとめられている。すなわち、マルサスが警鐘を鳴らした人口爆発が人口転換という奇跡によって回避されたように、環境問題や労働強化による人間疎外も、上から押しつけられる政策ではなく、人々の心境の変化によって解決される。それは、われわれが現在の経済成長という無限大の物質的欲望から解放される、そして解放されなければならないことを意味する。現在、われわれはそうした精神的な岐路に立つという見通しだ。

コーエンは、『ル・モンド』紙の論説委員として社説を定期的に執筆するなど、テレビ、ラジオ、週刊誌などを通じて世論に大きな影響を与えている。時事問題にも活発に意見を述べている。

訳者が国際情勢の大きな変化を感じた最近の出来事を記す。二〇一七年のダボス会議で中国の習近平国家主席は、世界にはグローバル・ガバナンスが必要だと述べた（http://www.china-embassy.or.jp/jpn/sgxw/t1437453.htm）。

現在、アメリカは自国優先主義を唱えて「パリ協定」からの離脱を示唆する一方、中国は秩序あるグローバリゼーションを訴えて「パリ協定」の遵守を迫る。コーエンによると、習近平のそうした発言は口から出任せではないという。その理由は、中国は自国の経済バランスの均衡を保つために国際貿易に大きく依存しているからであり、また深刻な環境問題を抱える国でもあるからだという（二〇一七年二月二日付の『Le Point』）。

歴史を振り返ると、一八世紀にイギリスは、経済学者デヴィッド・リカードの自由貿易擁護論を掲げて、産業革命によって大量生産される自国製品の販売先を確保した。イギリスから覇権を受け継いだアメリカも、自国の製造業が衰退するまで国際貿易の旗振り役を担ってきた。そして二一世紀になり、中国が国際貿易の利点を訴えるようになったのである。

習近平の秩序あるグローバリゼーションにせよ、トランプの保護主義にせよ、彼らの価値観が経済成長に固執するものであるのには変わりがない。すなわち、コーエンが指摘するように、現在のポスト工業社会と呼ばれる世界においても、産業革命とともに登場した物質主義が健在なのである。権力によって強制されるのではなく、人々が自発的に物質的な経済成長という呪縛から解放される日が本当に訪れるのだろうか。

著者のダニエル・コーエンに感謝したい。訳者の質問に丁寧に答えてくれた。また、東洋経済新報社の佐藤朋保氏と渡辺智顕氏に感謝したい。本書の訳稿に目を通した佐藤氏は即座に出版を決断してくれた。出版事情が厳しいなかで硬派な本の出版を引き受けてくださった佐藤氏の慧眼に敬意を表したい。渡辺氏には訳稿を丁寧に点検していただいた。もちろん、誤訳があるとすれば、すべて訳者の責任である。読者の指摘を願う次第である。

訳者は、本書が哲学的、経済学的、社会制度的な難問を解決するためのヒントになると確信している。

二〇一七年八月一日

林　昌宏

経済成長という呪い
欲望と進歩の人類史

2017年9月7日発行

著　者――ダニエル・コーエン
訳　者――林　昌宏
発行者――山縣裕一郎
発行所――東洋経済新報社
〒103-8345　東京都中央区日本橋本石町1-2-1
電話＝東洋経済コールセンター　03(5605)7021
http://toyokeizai.net/

装　丁…………橋爪朋世
D T P…………アイランドコレクション
印刷・製本……図書印刷
編集担当………渡辺智顕
Printed in Japan　ISBN 978-4-492-31502-6

[著者紹介]

ダニエル・コーエン (Daniel Cohen)

1953年、チュニジア生まれ。フランスを代表する経済学者であり思想家。エリート校であるパリ高等師範学校（エコール・ノルマル・シュペリウール）の経済学部長。2006年には、経済学者トマ・ピケティらとパリ経済学校（EEP）を設立。元副学長であり、現在も教授を務めている。専門は国家債務であり、経済政策の実務家としても活躍している。また、『ル・モンド』紙の論説委員である。
著書は多数あり、アメリカをはじめとして世界十数ヵ国で翻訳出版されている。邦訳書には、『迷走する資本主義』（林昌宏訳、新泉社）、『経済と人類の1万年史から、21世紀世界を考える』『経済は、人類を幸せにできるのか？』（ともに林昌宏訳、作品社）がある。

[訳者紹介]

林　昌宏（はやし まさひろ）

1965年、名古屋市生まれ。名古屋市在住。立命館大学経済学部経済学科卒。翻訳家。おもな訳書に、『経済と人類の1万年史から、21世紀世界を考える』（作品社）などのダニエル・コーエンの著作をはじめ、『21世紀の歴史』（ジャック・アタリ著、作品社）、『憎むのでもなく、許すのでもなく』（ボリス・シリュルニク著、吉田書店）、『人種は存在しない』（ベルトラン・ジョルダン著、中央公論新社）などがある。

注

[第一部]

1 哲学者フランシス・ウルフは、人類にたくさんの祖先がいることを揶揄している。「人類と猿の共通の祖先を探そうとしてきたが、次第にこの問いは意味を失った。ホモ・エレクトスなのか、ホモ・フロレシエンシスなのか。それとも謎に包まれたデニソワ人なのか。今後もヒト属の化石が、『われわれの』人間性に新たな一撃をもたらすものとして発見されるに違いない」。「今日の人間に関する疑問」、*Le Débat,* mai-août 2014。

2 ホモ・ハビリスは、脳の容量が1000㎤を超えた最初のヒト科の生物である。ちなみに、トゥーマイは360㎤、現代人は1350㎤だ。

3 *Aux origines de la cognition humaine,* Retz, 2004.

4 Trad. fr. *La Conquête sociale de la Terre,* Flammarion, 2013.

5 Robert Frank, *The Darwin Economy,* Princeton University Press, 2011.

6 *Malaise dans la civilisation,* rééd. Seuil, coll. « Points », 2010.

7 『西洋が西洋について見ないでいること』ピエール・ルジャンドル著、森元庸介訳、以文社、2004年。

8 *Lévi-Strauss,* Le Seuil, 2013.

9 *La Part maudite,* Editions de Minuit, 1949, rééd. 2014.

10 地球が太陽を回る軌道は真円ではない。なぜなら、他の惑星の引力が働くからだ。これは氷河期の原因にもなる。地球が誕生して以来、氷河期は40回から50回ほどあった。そのうちの2回は、19万年前と5万年前だ。

11 ホモ・サピエンスは、ヨーロッパに向かう以前のおよそ5万年から6万年前に、インドや東南アジアに到達していた。

12 シベリア南部において、同じヒト属のデニソワ人が絶滅したのも、フランシス・ウルフによると、ホモ・サピエンスに原因があるのではないかという。

13 ネアンデルタール人は圧倒的に肉食だった。ネアンデルタール人の脳の容積（1520㎤）は、われわれホモ・サピエンス（1350㎤）よりも大きかった。ホモ・サピエンスには、ネアンデルタール人の遺伝子が1%から4%混入している。よって、二つの種の混血は存在したのである。

14 紀元前5万年以前のホモ・サピエンスの芸術作品は、すべて似たようなものだったが、突如としてさまざまな作風が誕生した。「紀元前5万年から2万5000年の間に、ナイル川流域では、少なくとも6つの異なる石の削り方が登場した」。『人類5万年文明の興亡―なぜ西洋が世界を支配しているのか』、イアン・モリス著、北川知子訳、筑摩書房、2014年。筆者は、このすばらしい本に紹介されている多くの点を、

写真を見て確認した。

15 『昨日までの世界—文明の源流と人類の未来』、ジャレド・ダイアモンド著、倉骨彰訳、日本経済新聞出版社、2013年。

16 たとえば次を参照のこと。Herbert Simon, « Organisations and markets », *Journal of Economic Perspectives,* 1991.

17 *Economic Backwardness in Historical Perspective: A Book of Essays,* Harvard University Press, 1962.

18 メソポタミアの発展で決定的な役割を担った神殿は、広大な土地を所有していた。その土地の収穫物は住民たちに再分配された。メソポタミアの住民は、自分が何をなすべきなのか知るために神々のお告げを頼りにしていた。よって、彼らは自然と神官たちの元へ足を運んだ。前掲書、『人類5万年 文明の興亡—なぜ西洋が世界を支配しているのか』、イアン・モリス著。

19 Jack Goody, *Le Vol de l'Histoire,* trad. fr. Gallimard, 2010.

20 青銅器時代は、犂の利用、動物による牽引、アクセサリー、さらには文字の発達など、非常に似通った発展を促した。アジアとヨーロッパでは、親が死んだ際の相続の仕方や婚姻の際の持参金のしきたり（アフリカでは、将来の夫の家族が花嫁の家族にサービスや富を贈る）も似通っている。

21 最大の都市は、2000年に人口2700万人だった東京だ。ローマ帝国の当時の人口は100万人だった。中国の長安の人口はその半分だった。したがって、ローマの数値は、$\frac{1}{27}\times 1000$になり、長安はその半分となる。エネルギー消費に関しては、1日当たり20万キロカロリーを消費するアメリカ人が世界一だ。人間の身体が最低限必要とするエネルギーは1日当たり2000キロカロリーなので、人類史におけるエネルギー消費の最低値は、$\frac{10}{1000}$になる。

22 Trad. fr. *Âge de pierre, âge d'abondance: L'léconomie des sociétés primitives,* Gallimard, 1976.

23 『人口圧と農業—農業成長の諸条件』、エスター・ボズラップ著、安沢秀一他訳、ミネルヴァ書房、1991年。

24 Michael Kremer, « Population growth and technological change », *Quarterly Journal of Economics,* 1993.

25 Allen Johnson et Timothy Earle, *The Evolution of Human Societies,* Stanford University Press, 1987, étude citée par David Christian, *Maps of Time: An Introduction to Big History,* California Press, nouv. éd. 2005. キリストの時代まで年率0.0016%だった人口増加率は、次第に100倍にも上昇した。

26 この話には、プラトンによる別の筋書きがある。自分の姿を見えなくする指輪を見つけた羊飼いのギュケスは、この指輪の魔力を使って王宮に忍び込み、王妃を誘惑

するという筋書きだ。

27 PUF, 2001.

28 Michel Aglietta et André Orléan, *La Monnaie entre violence et confiance,* Odile Jacob, 2002.

29 『人間コミュニケーションの語用論—相互作用パターン、病理とパラドックスの研究』ポール・ワツラヴィック他著、尾川丈一訳、二瓶社、2007年。

30 これはジョン・カリーケンとニール・ウォーレスの著書のテーマである。*Models of Monetary Economies,* Federal Reserve Bank of Minneapolis, 1980.

31 このテーマについては次の本を参照のこと。Avner Greif, *Institutions and the Path to the Modern Economy: Lessons from Medieval Trade,* Cambridge University Press, 2006.

32 Gallimard, 2008.

33 『人間の経済』、カール・ポランニー著、玉野井芳郎他訳、岩波書店、2005年。

34 商取引には、常に遠隔地貿易と域内貿易の二つの形態があった。域内貿易では、織物や地元の品などの必需品が扱われた。贅沢品を対象にする遠隔地貿易では、権力者たちの必需品である、金、革、宝石、奴隷などが扱われた。アゴラ〔古代ギリシア市民の広場〕やバザールは域内貿易の例であり、そこでは、牛乳、卵、魚、肉などが取引されていた。遠隔地貿易は、当初は使者たちによる贈物の交換であり、使者たちは慣習的な経済協定を利用した。遠隔地貿易は略奪に利用されることもよくあり、遠隔地貿易と略奪との間に明確な違いはなかった。

35 前掲書、Jack Goody, *Le Vol de l'Histoire.*

36 後のロンドンのように、あらゆるところからアテネにモノが流れ込んでいた。ポランニーもその様子を描写している。「カルケドンからは剣と杯、メガラからはにんにく、ボイオーティアからは猟肉と鶏肉、シラクサからはチーズと豚肉、ロドス島からはブドウとイチジク、パフラゴニアからはアーモンド、キプロスからはカラシの実、カルタゴからは絨毯と枕、シリアからは香、イピロスからは猟犬」。前掲書、『人間の経済』、カール・ポランニー著。

37 Pierre Bezbakh, in *Le Monde de l'économie,* 29 avril 2003.

38 『経済史の理論』、ジョン・リチャード・ヒックス著、新保博他訳、講談社、1995年。

39 キリスト時代の当初、世界の半分は、ローマと中国の二つの帝国だけで統治されていた。この二つの帝国の周囲で事を起こす準備のできていた異国人たちは、最後はローマと中国の領土のそれぞれ半分を支配した（ローマは西ヨーロッパ、中国は中国北部）。一方、残り半分（西洋のビザンティン、中国の南部）は、従来の権力の手中にとどまった。そうした混乱期に、キリスト教と仏教が登場したのだが、キリスト教だけが勢力を維持することになった。唐の再興時、儒教が再び帝国の宗教に

なった。西洋では、消え去った帝国に代わってキリスト教が勢力を得るようになった。

40 これはアルド・スキアヴォーネの著書のテーマである。Aldo Schiavone, *L'Histoire brisée: La Rome antique et l'Occident moderne,* Belin, 2009 (1er édition 1996).

41 前掲書、Jack Goody, *Le Vol de l'Histoire.*

42 封建的な社会の慢性的な暴力そのものは、ローマ帝国崩壊による歴史的な産物だ。国家は、封建領主たちの戦争を終わらせるために傭兵に武器を供与しなければならなかった。一方、騎士たちは、自分たちの武力に対する競争相手が現れたため、さらに暴力的になった。

43 エリアスの著書が出版された1939年は、西洋の平和という考えを述べるには適していないという批判もあった(Ian Morris, *War,* Princeton University Press, 2014)。モリスが引用するエリアスの理論に対する熱狂的な称賛は、『暴力の人類史』、スティーブン・ピンカー著〔幾島幸子他訳、青土社、2015年〕を参照のこと。

44 それは人々が入浴しなくなった後退期でもある。西洋人だけが結婚時期を遅らせることによって人口を調整する術を学んだとするマルサスの考えは、人口学者たちによって一蹴された。

45 フェルナン・ブローデルによると、「西洋の奇跡」は、おもに都市部の再生にあったという。都市は、ブローデルが「自由かつ自律的な産業都市」の原型モデルと呼ぶものになるために貴族の居住場所ではなくなった。しかしながら、J・ローラン・ローゼンタールとR・ビン・ウォンは、中国は比較的平和だったため、中国の「起業家たち」は、自分たちの活動を都市部だけに限る必要がなかったと述べている。彼らは防壁によって守られていたのだ(*Before and Beyond Divergence,* Harvard University Press, 2011)。

46 ジャレド・ダイアモンドの論証に従えば、南北方向よりも東西方向のほうが有利であることも、その理由だ。

47 ライプニッツは、ヨーロッパ勢力に関して、さらに次のように分析している。「ヨーロッパ勢力の激しい欲望は、ヨーロッパ圏外に向かった。スペインは南アメリカへ、イギリスとデンマークは北アメリカへ、オランダは東インドへ、フランスはアフリカへ」。

48 ネーデルラント連邦共和国は、ヨーロッパの経済的地理を南から北に移動させた。この国は、ポーランドと定期的な貿易を行なうようになり(自国の毛織物に対してポーランドの小麦を買いつけた)、次に、スペインとポルトガルとも貿易を始めた。繊維の貿易と中世の金融を支配していたイタリアの諸都市は、次第にオランダという競争相手に脅かされ、イギリスによってさらに苦境に立たされた。当初、自国の羊毛を輸出していたイギリスは、オランダによる貿易の支配下にあった。イギリス

産業の付加価値が徐々に高まるまでは、イギリスの羊毛はフランドル人が扱っていた。

49 *Les Métamorphoses de la question sociale,* Fayard, 1995.

50 Robert Allen, *The British Industrial Revolution in Global Perspective,* Cambridge University Press, 2008.

51 オランダとイギリスは、アジアと貿易するポルトガルを追い出した。オランダは、ジャカルタをアジア帝国の拠点にして、アジア帝国をポルトガルから奪いとった。次に、イギリスがオランダ人の不利益を顧みず、自分たちの帝国をつくった。何度かの戦争の後、イギリスは、オランダからニューヨークを奪取し（1664年）、メイン州からジョージア州まで大西洋沿岸に沿って入植した。イギリスは、タバコ、コメ、小麦を自国に輸出した。1770年、アメリカで暮らすイギリス人の人口は280万人に達した。これは首都の人口の半分に相当した。植民地との貿易は、イギリスとオランダの経済を刺激した。産業革命前夜、イギリスでは、就労人口に占める農民の割合はすでに45%以下だった。

52 イギリスとオランダの都市化により、エネルギー需要は増加した。木材の価格が高騰したため、木材の代わりになるモノが必要になった。こうしてオランダでは泥炭、イギリスでは石炭が用いられたのである。

53 17世紀の科学者が熱心に取り組んだテーマの一つは大気圧だった。トリチェリの研究路線からホイヘンスとフォン・ゲーリケは、大気圧はシリンダー内に真空をつくりながらピストンをシリンダー内に押し込むことを証明した。ドニ・パパンはそれらの直観を利用して1675年に史上初の蒸気機関をつくり、1712年にニューコメンが（12年間の試行錯誤を経て）これを改良した。そしてジェームズ・ワットがさらに改良した。

54 実業家たちは、自然を司る法則が実験によって発見されるという考えを有効に利用するようになった。「クロノメーター」の発明者ジョン・ハリソンは、ニュートンから着想を得た論文の読者だった。次を参照のこと。Joel Mokyr, *The Gifts of Athena,* Princeton University Press, 2002.

55 次を参照した。Dominique Bourg et Philippe Roch (dir.), *Crise écologique, crise des valeurs?,* Labor et Fides, 2010.

56 Lynn White, « The historical roots of our ecologic crisis », *Science,* 1967.

57 ジェームズ・ハンナムによると、聖書の神は、オリュンポスの神々のように気まぐれではなく、神がつくった完全無欠な自然を理解するのは可能なのだという。次を参照のこと。James Hannam, *The Genesis of Science: How the Christian Middle Ages Launched the Scientific Revolution,* Regnery, 2011.

58 前掲書、『西洋が西洋について見ないでいること』、ピエール・ルジャンドル著。

59 工業や農業の技術の面で西洋よりも明らかに優位に立っていた中国人は、気が宿る世界の理解をあきらめず、世界は、時計のように組み立てられていると考えようとはしなかった(次を参照のこと。前掲書、Dominique Bourg et Philippe Roch (dir.), *Crise écologique, crise des valeurs?*)。それは興味がなかったからではない。1644年に満州族が北京を占領すると、イエズス会は、日食の予想について公開試合を提案し勝利した。1661年に権力の座に就いた若き康熙帝は、毎日数時間、算術、幾何学、力学の勉強に勤しんだが、この知識を活かす機会はなかった。イエズス会がキリスト教より天文学を熱心に奨励しているのではないかと心配した教皇は、イエズス会を監視させた。気分を害した康熙帝は自身で学校を開き、イエズス会とは縁を切った。中国とは反対に、1868年の明治維新後の日本は、教育を優先課題にして、西洋諸国に追いつくために必要な改革を断行した。1890年には、男子の3分の2と女子の3分の1が完全な初等教育を受けるようになった。

60 Roger-Pol Droit, *L'Occident expliqué à tout le monde,* Le Seuil, 2008.

61 前掲書、Aldo Schiavone, *L'Histoire brisée*。

62 『中国の科学と文明』、ジョゼフ・ニーダム著、砺波護他訳、思索社、1991年。

63 『コスモスの崩壊—閉ざされた世界から無限の宇宙へ』、アレクサンドル・コイレ著、野沢協訳、白水社、1974年。

64 『ヨーロッパ精神の危機1680-1715』、ポール・アザール著、野沢協訳、法政大学出版局、1973年。

65 *L'invention du progrès, 1680-1730,* CNRS, 2010.

66 チャールズ・テイラーによる引用。Charles Taylor, dans son *Hegel et la société moderne,* Cerf, 1998.

67 スミスは、分業に関する自分の考えを説明するために、フランスの待ち針の製造という有名な例を紹介した。スミスの頭にはもちろんイギリス繊維産業があったが、待ち針の製造技術に国特有の事情はなかった。スミスは蒸気機関に言及していないが、『国富論』が出版された年に最も有名な原型機が開発されたのだ……。

68 « *His dexterity at his own particular trade seems, in this manner, to be acquired at the expense of his intellectual, social and martial virtues* ».

69 次を参照のこと。Jacques Le Goff, *Faut-il vraiment découper l'histoire en tranches?,* Le Seuil, 2014.

70 前述のように、ヒト科の動物が登場したのは800万年から600万年前、ホモ・エレクトスは150万年前、中国人が印刷術を発明したのは868年、グーテンベルクは1450年だ……。

[第二部]

1 Aldo Schiavone, *Histoire et Destin*, Belin, 2009.

2 内生的成長のおもな理論家は、ポール・ローマー、ロバート・ルーカス、フィリップ・アギオン、ピーター・ハウイット、エルハナン・ヘルプマン、ジーン・グロスマンである。

3 『ポスト・ヒューマン誕生―コンピュータが人類の知性を超えるとき』、レイ・カーツワイル著、井上健他訳、日本放送出版協会、2007年。

4 これが不死と同じではないのは明らかだ。自分のすべての知識や感情が記された大著を想像してほしい。これを読む人が、あなたの「自我」を引き継ぐ。そうはいっても、あなたは、その人のおかげで生きながらえるわけではない……。

5 「内生的成長」の理論家たちは、過去の人口増加のように経済成長が加速すると力説する。彼らは、最も裕福な11ヵ国では、1700年から1978年までの期間、10年間の推定経済成長率は常に50%を超えたと指摘する（フランスとアメリカでは70%近くだった）。これと似たような考えとして、ウィリアム・ノードハウスは、一つの例として、照明にかかるコストの下落を計算した。紀元前3万8000年から1750年までの間、照明の燃料は、動物性脂肪や植物油から石油に変わったが、そのコストはせいぜい17%下落したにすぎない。19世紀初頭、ロウソクと鯨油の利用により、照明コストは87%下落した。これは年0.06%のコスト改善だ。1800年から1900年までの期間、照明コストは18倍改善され、年2.3%下落した。これはカーボン電球のおかげだ。20世紀には、照明コストは、蛍光灯の利用によって年6.3%下落した。

6 *The Second Machine Age*, Norton, 2014.

7 *Le Monde*, 27 avril 2015.

8 « The future of employment: how susceptible are jobs to computerisation », Oxford Martin School, 17 septembre 2013.

9 カスパロフとディープ・ブルーのチェスの有名な一局は、すでに過去の話だ。というのは、チェスではコンピュータのほうがすでに人間より強くなってしまったからだ。だが、「フリースタイル」の対局なら面白そうだ。最強のチームは、最強のプレーヤーと最強のコンピュータの組み合わせではなく、（カスパロフの話では）同時に3台のコンピュータを操る強豪のアマチュア・プレーヤーたちのチームだという。コンピュータと対決するのではなく、コンピュータとともに戦うのだ。次を参照のこと。『大格差―機械の知能は仕事と所得をどう変えるか』、タイラー・コーエン著、池村千秋訳、NTT出版、2014年。

10 建設業は、労働者に代わってコンピュータが活躍できる限界を物語る例証だ。住宅の建設に際し、労働者はコンピュータ技術を利用する。だが、住宅を完成させるには、これまでと同様に人間の現場での判断が必要不可欠だ。

11 Maarten Goos, Alan Manning et Anna Salomons, « Explaining job polarization: Routine-biased technological change and offshoring », *American Economic Review*, 2014.

12 この数値は、OECDのフランス、ドイツ、イタリアに関するデータの（加重）平均だ。

13 アメリカの最貧層の家族の90％の収入は、1980年の3万3500ドルから2010年の3万1600ドルへと下落した（インフレ調整し、女性の労働市場への参入が増えたにもかかわらず）。次を参照のこと。Emmanuel Saez, http://eml.berkeley.edu/~saez/TabFig2013prel.xls, tableau « Income growth ». この時期の中位所得（家計を所得の高低で並べ、ちょうど真ん中に位置する家計の所得）は、ほぼ停滞していた（平均で＋0.1％）。医療保険の負担を考慮すると、中位所得の増加は年0.4％だ。次を参照のこと。« Economic Report to the President, Council of Economic Adviser », 2015.

14 ロバート・ゴードンは、経済成長に関する主要な論文を発表してきた。ゴードンは、それらの論文をまとめて次の著書にした。*Beyond the Rainbow: The American Standard of Living Since the Civil War.* 重要な論文は、アメリカ経済研究所（NBER）の研究資料として利用可能だ。*The Demise of U.S. Economic Growth: Restatement, Rebuttal, and Reflections*, n° 19895, 2014; *Is U.S. Economic Growth Over? Faltering Innovation Confronts the Six Headwinds*, n° 18315, 2012; *Revisiting U.S. Productivity Growth over the Past Century with a View of the Future*, n° 15834, 2010.

15 移動スピードは、1830年まではゴードンの言い回しによると「木靴と帆船」によって決まった。その後、移動スピードは速くなり続けたが、ボーイング707が開発されると〔1950年代〕、それ以降は停滞している。

16 1891年から1972年まで、アメリカの時間当たりの労働生産性の上昇率は、年2.36％だった。1972年以降、この数値は急落して年1.59％になった。これはまたしてもインターネット・バブル時の急激な上昇を加味しての数値だ。1996年から2004年まで、時間当たりの労働生産性の上昇率は、年2.54％と急反発した。そうした背景からこの時代、人々は、経済は新たなサイクルに入ったと考えた。このブームを除くと、時間当たりの労働生産性上昇率は、およそ1.4％とかなり低かった。これは1891年から1972年までの期間よりも1％近くも低い。ゴードンによると、こうした潜在的な生産性の上昇率が新たな規範になるのなら、人口、教育、格差などの要素を考慮すると、「アメリカ下層民」の収入が増加する見込みはまったくないと考えられるという。ゴードンは、アメリカの労働生産性の上昇のおもな要因は、生産性の低い労働者を見つけてリストラすることだと指摘する。

17 『大脱出—健康、お金、格差の起原』、アンガス・ディートン著、松本裕訳、みすず

書房、2014年。

18 次を参照のこと。« Secular stagnation: Facts, causes and cures », Coen Teulings et Richard Baldwin (éd.), CEPR, 2014.

19 GDPは、公務員の生産高を彼らの人件費で計測する。したがって、教師と医師の賃金を削減すると、彼らの豊かさに対する（計算上の）貢献は減り、時間当たりに生み出す富の量によって決まる彼らの表面上の労働生産性も低下する。

20 リチャード・ランズによると、眼鏡の発明によってヨーロッパの「労働生産性」に驚くべき効果があったという。よい視力を必要とする作業に従事する多くの職人たちは、眼鏡の発明によって長時間にわたって高い労働生産性を維持できるようになった。医療需要に対するパラドックスとして、今後、医療は削減すべきコストとみなされるようになる。

21 ワシリー・レオンチャフは、人間と馬の役割を比較した。馬は、長年にわたって必要不可欠だったが、生産手段として役割を終えた。馬が都市部、農村部、戦場において盛んに利用されるようになったのは、驚くべきことに19世紀の産業革命からだ。当時の都市部の道路は馬糞だらけだった。ところが、地下鉄、自動車、トラクターが登場すると、馬の姿は突如消え失せた。

22 いくつかの例からは、労働者の人数が思いがけず増加しても、最終的にはいつも吸収されたことがわかる。フランスの場合では、アルジェリア戦争後に引揚者たちが居住した地域では、失業はそれほど大きな問題にならなかった。適切な変数は、失業者の人数ではなく、失業率（5%あるいは10%など）だ。私は、著書*Nos Temps modernes,* Flammarion, 2002で労働の終焉に関して理論的に論じた。

23 Alfred Sauvy, *La Machine et le Chômage: Le progrès techniques et l'emploi,* Bordas/Dunod, 1980.

24 『舞台芸術―芸術と経済のジレンマ』、ウィリアム・ボウモル、ウィリアム・ボウエン著、池上惇他訳、芸団協出版部、1994年。ボウモルの理論はコスト病として知られている。

25 ボウモルとボウエンは、著書のなかで舞台芸術のアーティストたちの大半は、副業をこなさなければならないと記している。

26 1993年から2012年までにアメリカで生み出された経済成長の70%は、所得上位1%の懐に入ったという（Emmanuel Saez, « Striking it richer », Berkeley, mise à jour janvier 2015）。

27 『21世紀の資本』、トマ・ピケティ著、山形浩生他訳、みすず書房、2014年。

28 « Le capital logement contribue-t-il aux inégalités? Retour sur *Le Capital au XXIe siècle* de T. Piketty », Science Po, LIEPP working Paper, 2014.

29 毎年の家賃収入が1000のアパートがあるとしよう。このアパートの資産価値は、金

利が10%か1%かで大きく異なる。金利が10%の場合、アパートの価値は1万になる。というのは、毎年払う家賃はアパートの価格の10%になるからだ。一方、金利が1%の場合、収益率（家賃は常に1000）は、望みのレベルである1%に低下するため、アパートの価格は10万になる。したがって、金利低下は、不動産価格の驚くべき上昇（この例では10倍）の原因になる。賃金インフレが収まると、ほぼ必然的に金利は低下する。この例では、不動産収益は崩壊する。資産価値の上昇を引き起こすのは収益の上昇でなく、収益の低下なのだ……。

30 建設業界が機敏に反応するなど、不動産価格の上昇に対する供給側の対応によって不動産バブルを回避できることがわかる。エドワード・グレイザーの研究がその過程を述べている。次を参照のこと。*Triumph of the City*, Penguin, 2012.

31 情報化自体のエネルギー消費量は、すでに発電量全体の10%を占め、かなり大きい。

32 アフリカ諸国は例外であるように思えるが、そうではない。合計特殊出生率は7から5に低下し、この傾向は続くだろう。国連によると、2050年には2.5になるという。イスラーム諸国においても人口転換が起きているが、その反例はパキスタンだ。

33 Gary Becker, *A Treatise on the Family,* Chicago University Press, 1981.

34 次を参照のこと。Eliana La Ferrara *et al., Soap Operas and Fertility: Evidence from Brazil,* NBER, 13718, octobre 2008.

35 平均寿命は、人類の公衆衛生上の進歩を示す最もシンプルな数値だ。今日、先進国で生まれる女の子は、50%の確率で100歳以上生きる。平均寿命は、インドが64歳、中国が73歳だ。インド国民の4分の1は相変わらず1日当たり1ドル以下で生活している。ちなみに、中国では国民の7分の1だ。公衆衛生改善という直接的な便益に、就学という間接的な効果が加わる。今後、22歳または23歳まで教育を受けるようになるため、平均寿命が40〜45歳の社会など想定できないだろう。次を参照のこと。Daniel Cohen et Laura Leker, « Health and education, another look with the proper data », CEPR, n° 9940, février 2014.

36 前掲書、『大脱出―健康、お金、格差の起原』、アンガス・ディートン著。

37 そうはいっても、1800年の世界人口に等しい10億人の人々は、1日当たり1ドルの生活レベルであり、貧困に閉じ込められたままだ。大勢の人々が貧困状態に放置されている。貧困層が減少したというのは相対的な話にすぎない。とはいえ、われわれの判断が（ほぼ）いつも相対的であるのは事実だ。

38 世界の食糧問題の原因の一つは、食糧と燃料が耕作地をめぐる競争状態に入ったことだ。政府が〔バイオ〕燃料産業に補助金を給付するのは、明らかに奇妙だ。

39 『プランB―エコ・エコノミーをめざして』レスター・ブラウン著、北城恪太郎訳、ワールドウォッチジャパン、2004年。

40 これらについては次を参照のこと。Roger Guesnerie et Nicholas Stern, *2 écono-*

mistes face aux enjeux climatiques, Le Pommier, 2012.

41 Stéphane Lauer, dans *Le Monde* daté du 24 février 2015, citant Cynthia Rosenzweig, du Earth Institute de l'université de Columbia, « Les températures à New York pourraient grimper de sept degrés ».

42 Will Steffen, Paul J. Crutzen et John McNeill, « The Anthropocene: Are humans overwhelming the great forces of nature? », Royal Swedish Academy, 2007.

43 人口増加は、産業革命の鍵となる分野の一つである化学産業が寄与した。というのは、ドイツの化学者フリッツ・ハーバーの業績により、窒素からアンモニアを合成できるようになったからだ。いわゆる「空気を肥料に変えた」ハーバー・ボッシュ法（ハーバーの共同開発者だったボッシュは実業家だ）は、農業に革命をもたらし、20世紀の人口爆発の引き金を引いた。

44 『成長なき繁栄—地球生態系内での持続的繁栄のために』、ティム・ジャクソン著、田沢恭子訳、一灯舎、2012年。

45 炭素税はこのシステムの代替案だ。この税金のメリットは、全員に決められた価格を支払わせ、投資財源を（安定的に）確保できる点にある。もちろん、炭素税と排出権取引の組み合わせも可能だ。

46 『文明崩壊』ジャレド・ダイアモンド著、楡井浩一訳、草思社、2012年。

47 再生可能エネルギー社会になるには、莫大な研究開発が必要だ。太陽エネルギーの備蓄や電力ネットワークのインフラに必要な巨額投資の一部は、税金や排出権取引を財源にすべきだろう。ダロン・アシモグルとフィリップ・アギオンらは、この分野の研究には国の誘導という巧みな保護が必要だと説いている。次を参照のこと。« The environment and directed technical change », *American Economic Review*, 2012.

[第三部]

1 Claude Martin éd., La Découverte, 2012.

2 カステルによると、60年代のすべての思想の特徴は、「進歩のために莫大な資源をもち、民主主義の勝利に関してその利点を正式に言明する前進する社会でありながらも、搾取と支配の関係ならびに直接的あるいは象徴的な暴力の絶えざる行使という、現実的なやり方を誇示する社会との矛盾」にあったという。

3 労働者階級の境遇に対する懸念や関心が示されたのは1830年代からだ。1840年にルイ・ヴィレルメ〔フランスの医学者〕が労働者の状況を記した『綿花、羊毛、絹の工場で働く労働者の心身状態の描写』は有名だ。工場では、児童が1日14時間も就労していたという。

4 この分析は下記を参照した。Jean-Paul Ricœur, « La honte et culpabilité », www.

groupe-regional-de-psychanalyse.org/petitebiblio/honte_et_culpabilite.pdf

5 『菊と刀』ルース・ベネディクト著、長谷川松治訳、講談社、2005年。

6 エルヴェ・ル・ブラとエマニュエル・トッドの共著『フランスの謎』(Le Seuil, 2012) によると、フランス社会は、地域や歴史ごとに家族制度(古い家族あるいは核家族か)と人口密度(集住あるいは分散か)の観点で成り立ちが異なることがわかるという。

7 Henri Weber, *Que reste-t-il de Mai 68?,* Le Seuil, 1998.

8 *Histoire du bonheur en France depuis 1945,* Robert Laffont, 2013.

9 *Le Nouvel Esprit du capitalisme,* Gallimard, 1999.

10 Serge Audier, *La Pensée anti-68,* La Découverte, 2008.

11 『啓蒙の精神—明日への遺産』、ツヴェタン・トドロフ著、石川光一訳、法政大学出版局、2008年。

12 その時期、大学の独立性は増した。大学は、教会と国の二大勢力が敵対関係にあるなかで自由に活動した。そこで歴史家ジャック・ル・ゴフは、次のように述べる。「新たな時代の人間は人文主義者だ。1400年ごろの第一世代のイタリアの人文主義者(商人)は、自分たちの私生活を職業のように管理するようになった〔理性的になり、迷信から脱却した〕……」。*Un autre Moyen Âge,* Gallimard, coll. « Quarto », 1999.

13 農村社会の内部においても、農業に雨水を利用する社会よりも強い強制力を行使したエジプトや古代中国などの「灌漑帝国」を区別する必要があるだろう。次を参照のこと。『オリエンタル・デスポティズム—専制官僚国家の生成と崩壊』、カール・A・ウィットフォーゲル著、湯浅赳男訳、新評論、1991年。

14 そうはいっても、どの国でも若い世代は、より寛容であり、一般的に、人々は寛容になる傾向が確認されている。

15 Shane Frederick et George Lowenstein, « Hedonic adaption », in *Well Being: The Foundation of Hedonic Psychology,* D. Kahneman, Ed Diener et N. Schwarz (éd), New York, Russell Sage Foundation, 1999.

16 デューゼンベリーの説は次の著作の中で発表されている。『所得・貯蓄・消費行為の理論』、ジェームズ・デューゼンベリー著、大熊一郎訳、巌松堂出版、1969年。

17 参考文献:Erzo F. P. Luttmer, « Neighbors as negatives: relative earnings and well-being », *Quarterly Journal of Economics,* 2005. そうした考えに対する批判的考察は次を参照のこと。 Sarah Flèche, *Essays in Happiness Economics,* EHESS, 2014. 経済理論の完全な紹介は次を参照のこと。Claudia Senik, *L'Economie du bonheur,* Le Seuil, 2014, et l'ouvrage de Richard Layard, *Happiness, Lessons from a New Science,* Penguin, 2006.

18 Salsa, Enquête sur les salaires auprès des salariés, Lepremap, 2011.

19 未来を予言するための「投影バイアス」については、次を参照のこと。George Lowenstein, Ted O'Donoghue et Matthew Rabin, in *Quarterly Journal of Economics,* novembre 2003.

20 フロイトは、著書『トーテムとタブー』のなかで、粗野な父を実際に殺すという仮説を重視した。著書『モーゼと一神教』では、フロイトは、ヘブライ人がモーゼの横暴な態度に我慢できなくなり、モーゼをシナイ半島で殺害したと論じ、この考えを再び取り上げた。オーストリアのナチスに威嚇されたにもかかわらず、ロンドンへ亡命するのが遅れたフロイトは、この仕事をきわめて重要だとみなした。彼は、父親殺しを暗喩ではなく史実だと考えた。フロイトは、モーゼはエジプトから集団（一派）を引き連れるエジプトの王子だったと述べ、モーゼの命令と禁止事項にうんざりした弟子たちがモーゼを殺害したと解釈した。これが金の子牛の場面の本当の説明だという。だからこそ、ユダヤ人は世代を超えて、父親殺しという極度の罪悪感を抱くのだ。よって、フロイトによると、ユダヤ人は、「道徳的苦行に酔いしれる」人々であり、古代社会においてそれまでにない倫理観をもつようになったという。このようにして西洋は、ルース・ベネディクトが描写した日本社会の特徴である恥の文化から、ユダヤ人がもち込んだ西洋特有の罪悪感の文化に移行したという仮説を立てた。この解釈により、考古学者たちは、出エジプトという史実はなかったのではないか、そしてこの父親殺しは実際にあったのではないかとさえ考えるようになった……（最後の点については次を参照のこと。Israël Finkelstein et Neil Asher Silberman, *La Bible dévoilée,* trad. fr. Bayard, 2002）。

21 René Girard, *La Violence et le Sacré,* Grasset, 1972.

22 ダブル・バインドは、1956年にグレゴリー・ベイトソンによって導入され、ポール・ワツラウィックらが再び取り上げた概念だ。次を参照のこと。前掲書、『人間コミュニケーションの語用論』。

23 ルネ・ジラールは、ノルベルト・エリアスと同様に、ルネサンス期の大きな変化の一つとして、個人による復讐がなくなったことを分析した。ジラールは、シェイクスピア劇の解説において、こうした態度を文学的に見事に表現しているとして、個人の復讐に直面するハムレットの「異常な」ためらいを分析した。「復讐に嫌悪感を覚えるシェイクスピアは、復讐というお決まりの話を、難しい立場において思い悩む話に変化させた」。『羨望の炎—シェイクスピアと欲望の劇場』、小林昌夫他訳、法政大学出版局、1999年。

24 *La Croissance moderne,* Economica, 2002.

25 近年の分析については次を参照のこと。David Blanchflower et Andrew Oswald, *International Happiness,* NBER 16668, 2011.

26 この点については、命じられた仕事と実際の仕事を区分するクリストフ・デジュールの分析を読んでほしい。*Travail vivant,* 2 vol., Payot, 2009.

27 *La Fatigue d'être soi,* Odile Jacob, 1998.

28 次を参照した。*World Happiness Report,* 2014.

29 次を参照した。*World Happiness Report,* 2013および *Exploring Danish Happiness,* 2014.

30 だからといって、デンマーク人は聖人ではない。他のスカンジナビア諸国やオランダのように、彼らの寛容な精神をもってしても、外国人嫌いの極右政党の台頭を防げなかった。

31 *World Happiness Report,* 2013に引用されたEd Dienerらの研究による。

32 労働市場に関する現代の分析は、ストックよりもフローで論証する。問題は、失業者のストックの状態がどうなっているかではなく、失業者各人が再就職するまでの時間を把握することだ。2010年にノーベル経済学賞を受賞した3人の経済学者、ピーター・ダイアモンド、デール・モーテンセン、クリストファー・ピサリデスのDMPモデルは、この分野の標準になった。

33 Cepremap, Editions Rue d'Ulm, 2007.

34 フロイトは似たような考えを提唱した。「苦しみは、三つの側面からわれわれを脅かす。一つめは、われわれ自身の身体からだ。身体は衰えそして腐敗する。その際、非常警報としての苦痛や不安をともなう。二つめは、外界からだ。外界は、巨大で容赦のない破壊的な力でわれわれに怒りをぶちまける。三つめは、他者との関係からだ。他者との関係から脅かされるのが最もつらい。なぜなら、われわれは、それが気まぐれに増幅するのを目の当たりにするからだ」。

35 たとえば、ヤン・アルガンとピエール・カユックは、自分たちの分析を次のように結論する。「相互信頼や市民意識を高めるには、わが国の福祉国家型協調組合主義の論理と決別し、全員を公平に扱う普遍的な論理に活路を見出さなければならない」。

36 多くの調査からは、移民の出身地域は、(時間とともにその影響は薄れるにせよ)彼らの子孫の価値観に大きな影響をおよぼすことがわかった。移民の子供たちは、親の出身国の子供たちと類似した信頼感をもつ。アルガンとカユックの調査法では、特定の時期の国の特殊な要因は、調査結果に影響をおよぼさない。なぜなら、彼らの調査対象者全員はアメリカで暮らす人々であり、彼らは同じ状況に置かれているからだ。

37 『アメリカのデモクラシー』第二巻(上)、トクヴィル著、松本礼二訳、岩波書店、2008年〔236ページ〕。

38 フランス社会全体に関する地理的および社会的な分離の研究では、エドモン・プレ

トゥセイユは、都市部の分離はとくに上流階級の出来事だと説明する。次を参照のこと。« Les registres de l'inégalité, lieu de résidence et ségrégation sociale. La société française et ses fractures », Paris, *Cahiers français*, n° 314, avril-juin 2003, pp. 64–70.

39 ロスは、腎臓などの臓器提供のように彼自身が「嫌悪感を覚える取引」と呼ぶことに関する研究で2012年にノーベル経済学賞を受賞した。

40 インターネットにおける族内婚も知的な形式をとる。インターネットには莫大な情報がある。そこで、人々は自分がすでに考えたことを確認できる情報だけを探し見つけようとする。心理学者は、「確証バイアス」という用語を使った。

41 Jacques Donzelot, *Faire société: La politique de la ville aux Etats-Unis et en France,* Le Seuil, 2003, et Eric Maurin, *Le Ghetto français,* Paris, Seuil, coll. « La République des idées », 2005.

42 住宅の不平等は持続的な不平等に変化する。とくに教育など、公共財へのアクセスは分断される。サンドラ・ブラックは、アメリカの学区制度が住宅価格におよぼす影響を研究し、次のような結論を述べた。「ようするに、評判のよい公立小学校の近くで暮らすのは、子供を名門私立学校に通わせるのと、ほぼ同じくらい費用がかかる」。

43 Richard Freeman, Erling Barth, Alex Bryson et James Davis, « It's where you work: Increases in earnings dispersion across establishments and individuals in the U.S. », NBER, n° 20447, 2014.

44 『身代りの山羊』、ルネ・ジラール著、織田年和他訳、法政大学出版局、1985年〔22、23、34ページ〕。

45 バタイユは次のように付言した。「人間は、獣性を捨て去ることによって世界を失ったが、そうでなくてもそうした意識をもつようになった」。

46 ラリー・サマーズは、経済成長がもたらしたことを示す価格の推移について、いくつかの例を挙げた。アメリカの物価は、過去30年で2倍になった。平均的に100ドルで購入できたモノは、インフレの影響により、現在では200ドルになった。しかし、すべてのモノが2倍になったのではない。たとえば、テレビの価格は、20分の1に下落した一方、医療費は4倍になり、大学の登録費は7倍になった。言い換えると、労働者の購買力は、テレビの価格と比較すると10倍になり、医療費と比較すると2分の1になった。より一般的には、アメリカの労働者の購買力が停滞したのは、平均して、エネルギー、地代、教育、医療などの費用が上昇したからだ。

47 1965年に、10年後に栄光の30年が終わると予想した者は誰もいなかった。1975年でさえ、経済成長の鈍化が10年以上も続くと考える者は誰もいなかった。1985年に、中国とインドの経済が復興すると考えた者は誰もいなかった。ましてやイン

ターネットの出現を予想した者はいなかった。2005年に、1930年代以来の大恐慌寸前の状態だったと認識していた者は誰もいなかった。詳細な裏付けのある経済学の文献から教訓を読み取るのなら、10年単位で状況は大きく変化しているため、次の10年をその前の10年から演繹的に導き出すのは、ほとんど不可能だということだ……。

48 前掲書、『西洋が西洋について見ないでいること』、ピエール・ルジャンドル著。

49 人々の協力的になる能力を計測できる囚人のジレンマを、機嫌のよい人と機嫌の悪い人を対象にテストした。その結果、協力的な態度をとるのは、明らかに機嫌のよい人たちのほうが多かった。

50 経済活動には医療しかなく、雇用は医療関係しかないとしよう。病人は医療費をクーポンで医師に支払う。医師は自分が病気になったとき、このクーポンで治療を受けられる。このクーポンが社会保障費負担金であり、このシステムを機能させるには、他の部門の経済成長は必要ではない。

51 ルネ・ジラールは、模倣的な競合関係と妬みを区別すべきだと主張した。

52 Olivier Mongin, *La Ville des flux*, Fayard, 2013.

53 Edgar Morin, *La Voie*, Fayard, 2011.